名师工程

教师成长系列

丛书编委会主任：马立 宋乃庆

新课程·新理念·新教学

教师成长读本

每天学点

教育心理学

石国兴 白晋荣 ◎主编

西南师范大学出版社

全国百佳图书出版单位 国家一级出版社

图书在版编目（CIP）数据

每天学点教育心理学/石国兴，白晋荣主编. 一重庆：西南师范大学出版社，2009.1

（名师工程系列丛书）

ISBN 978 - 7 - 5621 - 4382 - 6

Ⅰ. 每… Ⅱ.①石…②白… Ⅲ. 中小学 - 教育心理学 - 研究 Ⅳ. G644

中国版本图书馆 CIP 数据核字（2009）第 000704 号

名师工程系列丛书

编委会主任：马　立　宋乃庆

总策划：周安平

策　划：李远毅　卢　旭　郑持军　郭德军

每天学点教育心理学

主编　石国兴　白晋荣

责任编辑：杨光明

封面设计：大象设计

出版发行：西南师范大学出版社

　　　　　　地址：重庆市北碚区天生路 1 号

　　　　　　邮编：400715　市场营销部电话：023 - 68868624

　　　　　　http://www.xscbs.com

经　　销：新华书店

印　　刷：三河市明华印务有限公司

开　　本：787mm×1092mm　1/16

印　　张：15.5

字　　数：240 千字

版　　次：2009 年 2 月　第 1 版

印　　次：2022 年 4 月　第 6 次印刷

书　　号：ISBN 978 - 7 - 5621 - 4382 - 6

定　　价：48.00 元

《名师工程》
系列丛书

前　言

让无形变有形

　　教师，是神圣的、受人尊敬的职业。教师素质的高低直接影响到学生的成长和教育的发展，关系到国家的命运和民族的兴衰。

　　人的行为都是受心理意识支配的。在实施素质教育和进行新课程改革的今天，教师要更好地做好教育教学工作，要把学生培养成真正适合社会需要的人才，就不仅要了解学生的心理，还需要了解自己的心理。因此，教师学习教育心理学，懂得学生如何才能做到高效率高质量地学习，教师知道如何高效率高质量地进行教育教学活动，将会对教育教学工作产生积极的促进作用，从而使教育真正成为涓涓细流，滋润着学生的心田。

　　尊重、理解、信任、激励、幽默……这些看似平常的心理学词语，在被教师运用于教育教学后就变得生动起来，课堂不再是沉闷的，教师的教育不再是独角戏，学生乐于接受了，教学变得容易了；嫉妒、依赖、自卑、压力……这些存在于学生身上的各种不易被察觉的心理问题，往往是不易被察觉的，如果教师发挥了教育心理学的作用，就能把这些心理问题解决好，从而促进学生心理的健康发展。

　　没有纯理论的说教，没有死板的专业术语，本书以一个个经典的小故事、小案例为切入点，加以简明而深刻的心理学分析，从多角度、多方位全面分析了教育心理学在教育教学中的功用，力求使读者欣欣然而心向往之。

　　教师是灯塔，是启明星，是一束指向远方的亮光。教师要多学习教育心理学，多运用教育心理学，要将自己的心理和学生的心理相结合，将无形的心理调节作用于学生，让学生有形地表现出来，这样的教学必将是未来教育发展的方向。

目　录

第一篇：用教育心理学去发现学生

第二篇：用教育心理学去呵护学生

第六篇：用教育心理学打造日常教学新亮点

第七篇：用教育心理学培养学生的综合心理素质

第一篇：
用教育心理学去发现学生

学生身上都是有闪光点的。为了学生的进步，也为了给自己一点信心，教师必须用"显微镜"来寻找这些闪光点。教育心理学就是这个"显微镜"。

在教育心理学知识的指导下，教师就能不断地发现学生身上迸发出的可爱的火花，就会从心眼里欣赏学生，从而真诚地热爱学生。作为一个好教师，发现学生身上的闪光点越多，对学生的爱就越深；发现学生身上的闪光点越多，能够把学生教育好的信心就越强；发现学生身上的闪光点越多，教育学生的方法也就随之更加灵活。

把眼睛擦亮了

——善于发现学生的"亮点"

美是到处都有的，对于我们的眼睛，不是缺少美，而是缺少发现。

有个班主任在班上给所有的学生都设立"亮点"榜：全班学生不分成绩优劣全都榜上有名，每个学生都有一个值得别人学习的"亮点"，并且每个学生都在自己的目标栏写上自己奋斗的方向。这位班主任的做法得到了全体学生和家长的一致支持。作为教师，不能总盯住学生的缺点和不足，而是应该学会发现学生身上的"亮点"。

奥托·瓦拉赫是德国化学家，1910 年获诺贝尔化学奖，他的成功过程极富传奇色彩。在他开始读中学时，父母为他选择的是一条文学之路，不料一个学期下来，老师为他写下了这样的评语："瓦拉赫很用功，但过分拘泥，这样的人即使有着完善的品德，也绝不可能在文学上发挥出来。"此时，父母只好尊重儿子的意见，让他改学油画。可瓦拉赫既不善于构图，又不会润色，对艺术的理解力也不强，成绩在班上是倒数第一，学校的评语更是令人难以接受："你是绘画艺术方面的不可造就之才。"面对如此"笨拙"的学生，绝大部分老师认为他成才无望，只有化学老师认为他做事一丝不苟，具备做好化学实验应有的品格，建议他试学化学。父母接受了化学老师的建议。这下，瓦拉赫智慧的火花一下被点着了。文学艺术的"不可造就之才"一下子就变成了公认的化学方面的"前程远大的高才生"。

美国哈佛大学心理学家加德纳认为：不存在单纯的某种智力和达到目标的唯一方法，每个人都会用自己的方式发掘各自的大脑资源，这种为达到目的所发挥的个人才智才是真正的智力，而这种真正的智力造就了人与人之间的不同。他同时强调：人与人的差别主要在于人与人所具有的不同智力组合，我们必须承认并开发各式各样的智力和智力组合，必须对每个学生的认知特点都给予充分的理解并使之得到最好的发展。

大部分教育心理学家都肯定人类个体之间的差异性的存在，这与我们人类自身的先天遗传和后天环境都存在复杂的联系。既然人类个体之间存在着很大的差异，那么对于从事教育工作的教师来说，一定要注意把握学生之间的这种差异。学生的智能发展都是不均衡的，都有智能的优点和弱点。在加德纳看来，人的智力可从以下八个方面进行刻画：言语——语言智能；音乐——节律智能；逻辑——数理智能；视觉——空间智能；身体——动觉智能；自知——自省智能；交往——交流智能；自然——观察智能。教育者应该通过细心观察发现学生的智力长处和可能的组合。而上面提到的瓦拉赫也许在别的智能方面不优秀，但在自然观察智能上是出类拔萃的。我们如果能够像瓦拉赫的化学老师那样发现自己学生智能的最佳点，使他们的智能潜力得到充分的发挥，便可取得惊人的成绩。每一个学生都是一颗夺目的"珍珠"，只是有些孩子的优点直接露在了海滩的表面，而有些"珍珠"不幸被沙子埋在了下面。我们教师要做的就是去掉这些"珍珠"上面的沙土，让他们像别的珍珠一样光彩夺目！下面故事中的青年就是在别人的帮助下去掉身上的"沙土"的！

一个穷困潦倒的青年流浪到巴黎，期望父亲的朋友能帮自己找一份工作。

"精通数学吗？"那人问。

青年羞涩地摇头。

"历史、地理怎么样？"

青年不好意思地摇头。

"那法律呢？"

父亲的朋友连连问话，青年只能摇头。

"那你先把自己的住址写下来吧，我总得帮你找份工作呀！"

青年惭愧地写下了自己的住址，急忙转身要走，这时却被父亲的朋友拉住："青年人，你的名字写得很漂亮嘛，这就是你的优点啊！"

"把名字写好也是一个优点？"青年满脸疑惑地望着父亲的好友。"能把名字写好，就能把字写得叫人称赞，就能把文章写好！"受到鼓励的青年，一点点地放大自己的优点，兴奋得脚步都轻松起来了。

数年后，青年果然写出了享誉世界的经典作品。

大家或许怀疑这是杜撰出来的小故事，如果我们把文中青年的名字说出来，大家就不会有任何的猜疑了。他就是家喻户晓的法国著名作家大仲马。大家都知道"文坛火枪手"大仲马，但是有谁了解他在成名之前的这段经历呢！如果没有大仲马父亲那位朋友发现他的优点，我们怎么能看到今天仍然享誉世界的文学经典《三个火枪手》和《基督山伯爵》呢？

我们教师在日常的教学活动中很容易犯的一个错误就是以学生是否听话、是否能在考试中取得好成绩来判断他们。我们一般都喜欢听话和学习好的学生，对那些学习不好又不听话的孩子则很少倾注关爱。那么原因何在呢？学生有自己的特点不能算是错误，问题出在很多教师缺少对这些不听话的、学习不好的学生的发现。一位在教育界作出了突出贡献的老校长曾经意味深长地说："学生不一定人人都能考进名牌大学，但他们都应该享受未来生活的快乐，他们都应该对自己充满信心，他们都应该有美满的家庭，他们都应该对周围的世界抱着友好的态度。今天我们多发现一些他们身上的优点，对他们多一份肯定，便决定了明天他们对待生活的态度。为每一个孩子的成长积淀自信，这是素质教育的基本要求。"

正如老校长所说，其实让学生考出好成绩或者升入名牌的中学、大学并不是教育的唯一目的，每个孩子都有个人的独特之处，我们的教师很多时候需要的就是摘掉传统的"有色眼镜"，多发现一些学生身上的优点和潜力。每个孩子都考第一是不可能的，也是不必要的。鲁迅、郭沫若在中小学的成绩，大都是七八十分，甚至还有些课不及格，可他们为什么能成为伟大的文学家和思想家呢？说明成功在于发展和选择，在于潜能的激发。而普通的学生都还没有能力发现自己的潜力，这时教师的"一双明亮的慧眼"尤其重要，我们多发现一个学生的一个小优点就为他们多提供了一条走向成功的人生道路！

苏霍姆林斯基在《给教师的一百条建议》中提到这样一位女教师：她班上有一位男生，学习差，不做作业，还常以各种各样的恶作剧把老师气得双手发抖、脸发白。当这个男生辍学时，这个老师如释重负，其他老师也向她表示祝贺。事隔数年，女教师的电视机坏了，那位上门修理的师傅手艺高超，很快就修好了，而他就是当年的那个男生。女教师百感交集，愧疚于心："这个人完全不是当年我课堂上的那个学生啊……我们做老师的竟没有发现，在我们认为无可救药的和毫无希望的他的心灵和双手里，还蕴涵着天才，不仅是蕴藏着一个巧匠达到天才，还蕴藏着我们没看到的大写的'人'……"还有什么比这种发自内心的反省更加深刻呢？还有什么比这样的误判更令人遗憾终生呢？作为教师，一定要确立这样的信念：没有不可造就的学生。对教育者而言，学生身上不是缺少美，而是缺少发现的眼睛。

没有一种草不开花儿，没有一个学生不完美。每一个人都是一张充满个性色彩的生命画卷，这张画卷并非缺少值得欣赏的东西，真正缺少的倒是欣赏的目光。但愿我们的老师面对一张张生命的画卷，不是一味地去挑剔、埋怨、责备，而是要更多地去发现、去欣赏，以欣赏的心态体会学生生命的最大丰富性和主动性，关注学生成长与发展的每一点进步，帮助学生发现自己、肯定自己，使更多的学生陶醉在成功的喜悦中，让更多的学生拥有健康的心态、健全的人格和自信的人生。

把握最深切的人性

——以欣赏的眼光去发现

人性中最深切的禀质乃是被人欣赏的渴望。

人性中最深切的禀质乃是被人欣赏的渴望。美国心理学家詹姆斯的这句话抓住了人性中最深层的实质，人的内心都是希望得到别人的认可，都有被别人欣赏的渴望。欣赏，在人类的发展中起到了巨大作用。在教育中对学生进行的欣赏教育，就是教书育人获得成功的保障，就是促进学生身心健康发展的桥梁。教育教学中，教师一个赞许的目光，一句肯定的话语，一次成功的鼓励，都会使学生激动不已，产生奋发向上的动力。作为一个成功的教育者，要始终抱着一颗欣赏之心，并坚信这一星半点的欣赏，在未来的岁月里，一定会燃起熊熊烈火。

1852 年秋天，屠格涅夫在打猎时无意间捡到一本皱巴巴的《现代人》杂志。他随手翻了几页，竟被一篇题为《童年》的小说所吸引。作者是一个初出茅庐的无名小辈，但屠格涅夫对这篇小说却十分欣赏，钟爱有加。他四处打听作者的住处，最后得知作者是由姑母一手抚养照顾长大的。

屠格涅夫找到了作者的姑母，表达他对作者的欣赏与肯定。姑母很快就写信告诉自己的侄儿："你的第一篇小说在瓦列里扬引起了很大的轰动，大名鼎鼎的写《猎人笔记》的作家屠格涅夫逢人便称赞你。他说：'这位青年人如果能继续写下去，他的前途一定不可限量！'"作者收到姑母的信后惊喜若狂，他本是因为生活的苦闷而信笔涂鸦打发心中寂寞的，由于名家屠格涅夫的欣赏，竟一下子点燃了心中的火焰，找回了对人生的自信，于是一发而不可收，最终成为享有世界声誉的艺术家和思想家。他就是列夫·托尔斯泰。

一个孩子4岁才会说话，7岁才会写字，老师对他的评语是："反应迟钝，思维不合逻辑，满脑子不切实际的幻想。"他曾经还遭遇到退学的命运。这个孩子就是爱因斯坦——举世闻名的科学家，现代物理学的开创者和奠基人。

一个孩子经常遭到父亲的斥责："你放着正经事不干，整天只管打猎、捉耗子，将来怎么办？"所有教师和长辈都认为他资质平庸，与聪明沾不上边。这个孩子就是达尔文，19世纪自然科学的三大发现之一——进化论的奠基人。

列夫·托尔斯泰，一个生活在苦闷中的年轻人；爱因斯坦，一个遭遇退学的学生；达尔文，一个与聪明不沾边的学生，很难想象他们最终能够成为举世闻名的大作家、大科学家。比较一下，就会发现，列夫·托尔斯泰的成功是由于屠格涅夫的欣赏，给了他信心和人生的目标；爱因斯坦和达尔文在学生时代的表现似乎是不能让人满意，那是因为教师并没有发现他们身上特有的优点和长处，没有去欣赏这些优点，他们凭借自己的努力最终也成功了。假若这些优点能够被教师早一点发现，早一点欣赏，也许世界科学的发展又将是另外一个景象。

在人性中，渴望被人欣赏是最深切的心理动机。每个人从呱呱坠地开始，内心深处就有被重视、被肯定、被欣赏的渴望。教育心理学研究发现：学生总是自觉不自觉地从教师那里寻找被欣赏的快乐，当这种渴望实现时，许多学习的潜能和力量便会奇迹般地被激发出来。

"横看成岭侧成峰，远近高低各不同。"看山是这样，看学生又何尝不是这样？作为教师，应该用欣赏的眼光看学生，去欣赏每一个学生身上的长处和闪光点。教师欣赏出于真诚，是对学生人格的肯定，教师对学生的欣赏是教师教学智慧的体现，也是教师博大胸怀的一种表现。教师的欣赏中诞生天才，教师要敞开胸襟，去发现那些值得我们欣赏的学生。那么，教师该如何去欣赏学生呢？

首先，欣赏学生的优点。教育家赞科夫说过：当教师必不可少的，甚至几乎是最主要的品质就是欣赏学生的优点。同一事物，不同的人有不同的看法、说法，教师对待所教学生也应如此。教师不应强求每个学生都和自己所想、所说的一样，要允许学生有自己的想法，要鼓励学生把他自己的设想、观点大胆地说出来。只要是学生自己想出来、说出来的，教师都应给予充分的肯定与表扬。学生有自己的想法，这是学生的优点；让学生把自己的想法说出来，这是教师对学生优点的欣赏。这是培养学生独立思考、创新意识的需要，也是培养学生自信心的需要。

其次，包容学生的缺点。由于学生毕竟是在成长中的人，其自制能力、思维能力、审美能力尚不成熟，在学习中难免犯一些低级错误，做出幼稚可笑的事情。教师不能用成人的眼光审视学生的所作所为，要从保护学生的自尊心，使其进步的角度出发，正确、积极、因势利导地教育学生，不应动不动就指责批评，甚至责骂。

教师在教育教学中身体力行，言传身教，总是用欣赏的眼光看待学生，注意在学生的日常学习中捕捉闪光点，即使一丁点儿的进步，也要及时给予鼓励和肯定，使学生充满信心。久而久之，就会调动学生学习的积极性，使学生越学越有兴趣，越学越想学。教师对学生的欣赏是一种智慧，在教育教学中，欣赏与被欣赏是一种互动的力量之源。作为欣赏者的教师，必定要有愉悦之心、仁爱之心、成人之美之善念；作为被欣赏者的学生，在教师的欣赏下必产生自尊之心、向上之志、奋进之力。

学生的心灵都是有待浇灌的花蕾。教师要用审美的眼光、欣赏的眼光去读每个学生的心灵。正如苏霍姆林斯基所言："要像对待荷叶上的露珠一样，小心翼翼地保护学生的心灵。晶莹透亮的露珠是美丽可爱的，却又是十分脆弱的，一不小心露珠滚落，就会破碎，不复存在。"

一个好的教师，不仅要有渊博的知识和大方得体的仪表，更重要的是要去欣赏学生，帮助学生树立信心，使他们通过自己的努力获得成功，享受成功的喜悦。在那些富有灵气、生动活泼的学生身上，值得教师用欣赏的眼光去看的方面还有很多很多，因为寸有所长，尺有所短，只要我们教师用欣赏的眼光来看学生，就会发现：原来我们的学生也是非常可爱的！

让我们的教育中多一些欣赏吧！因为欣赏是一种给予，一种馨香，一种沟通和理解，一种信赖与祝福。

潜力，是无穷的

——善于发现学生的潜能

> 我可以完全有把握地说，每个人——即便他是做出了辉煌成就的
> 人，在他的一生中也只是使用了他自己大脑潜能的一小部分。

潜力，指潜在的能力和力量，内在的没有发挥出来的力量或能力，也就是人类原本具备却没有启用的能力。每个人都带着成为天才人物的潜力来到这个世界，也带着幸福、健康、喜悦的种子来到人间。人脑与生俱来就有记忆、学习与创造的巨大潜力，每一个人的大脑都是一样的，而且这种能力比每个人自己所能想象的还要大得多。

潜能分为生理潜能和心理潜能。潜能的挖掘和发挥都存在着极大的心理因素。学生通过提高认识、学习技巧、培养感受力、领悟力、坚强意志等方法都能够发挥其生理、心理潜能，因此，从广义上来说，任何潜能都属于心理潜能。

对于心理潜能人们一般都狭隘地理解为意志的激发。的确，意志最能够体现人的意识能动性。有恒心、有毅力、有信心的人们往往能够做到很多看起来不可能做到的事情。但是，心理潜能不仅仅是意志，任何心理活动都还有相当多的能量没有被发挥出来。也就是说，在一般情况下，任何心理活动都存在着潜能，这些潜能往往能够通过特殊的训练逐步释放出来。

有了这层体悟与认识，教师会更乐意去面对教育中的各种难题，不断提升自己的教育机智去挖掘学生的潜能。

一位音乐系的学生走进练习室，钢琴上摆着一份全新的乐谱。

"超高难度……"他翻动着，喃喃自语，感觉自己对弹钢琴的信心似乎跌到了谷底，消磨殆尽。已经三个月了，自从跟了这位新的指导教授之后，他不知道，教授为什么要用这样的方式整人。勉强打起精神，他开始用十根手指头奋战、奋战、再奋战……琴声盖住了练习室外教授走来的脚步声。指导教授是个极有名的钢琴大师。授课第一天，他给自己的新学生一份乐谱："试试看吧。"乐谱难度颇高，学生弹得生涩僵硬，错误百出。"还不熟练，回去好好练习。"教授在下课时，如此叮嘱学生。

学生练习了一个星期，第二周上课时正准备让教授验收，没想到教授又给了他一份难度更高的乐谱："试试看吧。"上星期的课教授也没有提。学生再次挣扎于更高难度技巧的挑战。第三周，更难的乐谱又出现了。同样的情形持续着，学生每次在课堂上都会被一份新的乐谱所困扰，然后把它带回去练习，接着再回到课堂上，重新面对两倍难度的乐谱，却怎么都追不上进度，一点也没有因为上周的练习而产生驾轻就熟的感觉。学生感到越来越不安、沮丧和气馁。

教授走进练习室，学生再也忍不住了。他必须向钢琴大师询问这三个月来为何不断折磨自己的原因。

教授没有开口，他抽出最早的一份乐谱，交给学生："弹奏吧。"他以坚定的眼神望着学生。

不可思议的结果发生了，连学生自己都惊讶万分，他居然可以将这首曲子弹得如此美妙，如此精湛。教授又让学生试了第二堂课的乐谱，学生依然表现了超高的水准……演奏结束，学生怔怔地望着老师，说不出话来。

"如果我任由你表现最擅长的部分，可能你还在练习最早的那份乐谱，就不会有现在这样的程度……"钢琴大师缓缓地说。

学生往往习惯于表现自己所熟悉、所擅长的学科。但是，如果学生愿意回首，细细审视，将会恍然大悟：面对紧锣密鼓的学习挑战，难度渐升的学习压力，持续提升自我，不也就在不知不觉间达到了今日的学习成就吗？

看来，人，尤其是学生，确实有无限的潜力。教育所要实现的，正是要使学生亲身参与到教学的动态系统中来，在感受和体验中挖掘其潜力。

科学家们研究发现，人具有巨大的潜能。若是一个人能够发挥一半的大脑功能，就可以轻易学会40种语言，背诵整本百科全书，拿12个博士学位……

著名的心理学家奥托指出，一个人所发挥出来的能力，只占他全部能力的4%。也就是说，人类还有96%的能力尚待挖掘。因此凭借内在的动力、坚定的信念、顽强的毅力等积极心态的推动，人完全可以发挥出惊人的创造力，成就辉煌的业绩。

美国学者詹姆斯研究发现，普通人只开发了他蕴藏能力的10%，与应当取得的成就相比较，我们不过是"半醒着"的人。我们只利用了我们身心资源中很小很小的一部分……

美国艺术家摩西奶奶，至暮年才发现自己有惊人的艺术天才，75岁开始学画，80岁举行首次个人画展。摩西奶奶的故事告诉我们，一个人如果不去挖掘自己的潜在能力，它就会自行泯灭。在教学的过程中教师首先要做的是帮助学生正确地认识自己，引导学生坦然地面对学习中出现的各种问题。正像格拉宁所说："如果每个人都能知道自己干什么，那么生活会变得多么好！因为每个人的能力都比他自己感觉到的大得多。"

我们的教育对象是有无限发展潜力的学生，充分挖掘他们的潜力，培养他们的创新能力，学生的潜能就能得到巨大的发挥。

朱永新教授主持的"新教育实验"中有一个重要观点：无限相信学生的潜力。的确，学生的潜力无穷，教师千万不可低估学生的能力。在课堂教学中，老师应该放手让学生质疑、讨论、发表自己的观点，而不能总认为学生年龄小，懂得的东西少，左不放心，右不放心，导致学生总在老师的过度呵护下成长。如此，学生何时才能长大？

一位教师在博客中记录了自己的一个教学案例：

今天，和三年级学生一起学习《天鹅的翅膀》。这篇课文主要讲一只受伤的小野鸭在湖里慢慢地游，老鹰发现了它，准备把它当做一顿美餐，正在危急关头，两只大天鹅挺身而出，用翅膀保护小野鸭，赶走了老鹰的故事。在学生读通课文后，我提了一个问题："课文哪些语句最令你感动？并请你说说感动的原因。"应该说，这样的问题对三年级的学生来说，还是有一定难度的。出乎我的意料，学生经过静静地读书、思考，回答得非常精彩。一个学生说："最感动我的句子是：'当老鹰又一次向小野鸭俯冲下来的时候，两只大天鹅出人意料地伸开宽大的翅膀，不断地扑扇，把小野鸭护在下面。'我真没想到动物也有怜悯之心。在小野鸭遇到危险的时候，两只大天鹅挺身而出。我被大天鹅的这种精神感动了。"另一个学生说："最感动我的句子是：'小野鸭又继续费力地向岸边游，而两只大天鹅则跟在小野鸭的后面，像是在为它护航，直到它爬上岸，蹒跚地走进小树林里去。'多么尽职的大天鹅啊！它们为了防止老鹰再次袭击，一直将小野鸭护送到安全的地方。"第三位学生说："最令我感动的句子是：'唐尼夫妇对视了一下，终于松了一口气。'唐尼夫妇一直在为小野鸭担心，现在，小野鸭终于脱离了危险，唐尼夫妇感到轻松了许多。多么善良的人啊！"学生抓住关键的句子谈感受，体会得很到位也很深刻。我们有什么理由低估学生的能力呢！

由以上的案例可以看出，学生的潜能隐藏于其身体内部，在其学习发展到一定高度的时候，这种无形的潜能就会表现出来。而这种表现是需要教师来开发的。目前，教师在开发学生学习潜能方面已经取得了显著成果，如北京幸福村小学的马芯兰老师用 3 年时间完成小学 5 年的教学内容，学生成绩普遍优秀，且负担不重。北京二十二中孙维刚老师，只用一个学期就使其所教的学生学完了初中数学六册书的全部内容。

每个学生都是有思想、有感情、有无限发展潜力的人，他们每个人都是独一无二的；每个学生都有对自尊、自重和来自他人的尊重的需要，这种需要的满足将培养他的自信，使他意识到自己在这个茫茫人世间是有价值的，理应得到普遍的尊重和合理的满足；每个学生都应享有均等的机会来发展自己的智慧与潜能。这就要求教师在教育中，充分认识到学生所蕴藏的潜能，做一个发现者、挖掘者，使得学生的潜能不仅仅是拥有，而要真正地发挥出来。这样的教育，这样的教师，才是学生需要的。

不仅仅是发现

——反馈，发现后的互动

　　教师对学生学习所进行的及时、有效的反馈，是学生进步的阶梯。

　　反馈原来是物理学中的一个概念，是指把放大器的输出电路中的一部分能量送回输入电路中，以增强或减弱输入讯号的效应。心理学借用这一概念，用以说明学习者对自己学习结果的了解，而这种对结果的了解又起到了强化作用，促进了学习者更加努力学习，从而提高学习效率。这一心理现象被称做"反馈效应"。

　　心理学家赫洛克做过一个著名的验证反馈效应的心理实验：

　　赫洛克把被试者分成4个等组，并让他们在4个不同诱因的情况下完成任务。第一组为激励组，每次工作后予以鼓励和表扬；第二组为受训组，每次工作后对存在的所有问题都要严加批评和训斥；第三组为被忽视组，每次工作后不给予任何评价，只让其静静地听其他两组受表扬和挨批评；第四组为控制组，让他们与前三组隔离，且每次工作后也不给予任何评价。

　　实验结果表明：成绩最差者为第四组（控制组），激励组和受训组的成绩则明显优于被忽视组，而激励组的成绩不断上升，学习积极性高于受训组，受训组的成绩有一定波动。这个实验表明：及时对学习和活动结果进行评价，能强化学生的学习和活动动机，对工作起促进作用。适当激励的效果明显优于批评，而批评的效果比不闻不问的效果好。在生活中，有反馈（知道学习后的测验成绩）比没有反馈（不知道测验成绩）的学习效果要好得多。而且，即时反馈（每天知道测验成绩）比远时反馈（测验成绩要一周后才知道）所产生的效应（激励作用）更大。

教育心理学家指出：学习者对自己学习结果的及时了解，对其学习积极性有强化作用，有助于提高学习效率；对学习结果反馈的方式不同，对学生学习的促进作用也不同。学生及时知道自己的学习成绩，对学习有重要的促进作用，而且，即时反馈比远时反馈效果更好。反馈方式不同对学习的促进作用也不相同。进一步说，学生自己进行的主动反馈要优于教师的反馈。例如，学生自己来评改练习和作业，比由老师来评改所起到的激励作用要大，学习效果更佳，因为前者更能激发学生的主动性。

下面是《班主任》2008年第4期的一篇文章：

韩雨是我的一块心病。这个小姑娘经常不做作业，每次批评之后表现会好几天，不久又会"旧病复发"。一天，韩雨又没完成作业，我怒气冲冲地把她叫到办公室，大声地质问："怎么又没写作业？是不是老毛病又犯了？"也许是我的声音太大了，吓得她头都不敢抬起来，泪水在眼眶里直打转。"去，拿本子来，给我补上。"韩雨耷拉着脑袋走出了办公室。

"小吕，火气怎么这么大呀？"坐在我对面的蔡老师关切地问。

"唉，这个小丫头太懒惰，经常不做作业。你找她谈一次，可能会好两三天，过后又旧病复发，再教育，再复发……真让人头疼。"我叹了口气。

"魏书生说过一句话，'后进学生有上进心，也能上进，但上进的过程充满了反复'，小吕，我们应该正确对待他们的反复。"

"正确对待反复？"

"是啊，你知道'反馈效应'吗？"蔡老师笑着问我。

"反馈效应？"我如坠云里雾里，一脸茫然。

蔡老师喝了一口茶，继续说："简单点说，反馈效应就是及时让学生得到自己学习的结果。比如，我们老师能及时把学生完成作业的情况告知学生，并给予一定的评价（批语、打分等），那样教学效果会更好。对待老毛病经常反复的问题学生更应该如此，及时反馈可以提高他们改正错误的积极性。你们班韩雨每次被你批评之后都能够认真完成作业，你千万不要以为那是假象，以为是她装出来的。再说，即使是装出来的，那也是进步，至少，她完成作业了，那就应当表扬她、鼓励她，千万不能对小小的进步视而不见。"蔡老师微笑着说。

一席话说得我茅塞顿开，这个道理以前我怎么就没想到呢？为什么学生一犯错，我就把以前的旧账翻出来，新账旧账一起算？为什么问题学生出现了反复，我就认为他们是成心和我过不去而火冒三丈呢？泰戈尔说："不是铁器的敲打，而是水的载歌载舞，使粗糙的石块变成美丽的鹅卵石。"这句诗我背过不知多少遍，可为什么一遇到问题学生，我就舞起大铁锤使劲地敲打，而忘了"水的载歌载舞"呢？现在想想，不是学生有问题，而是我有问题，是我的教育理念有问题，我才是个问题老师呀！

我正想着，室外有人喊"报告"。声音很小，我抬起头，韩雨正拿着作业本，低着头，战战兢兢地站在办公室门口。"反馈效应"，我心里默默念道，于是微笑着用和蔼的语气说："韩雨，进来吧。老师相信你能既快又好地做完作业！"我的话音刚落，她的头便抬了起来，那原本暗淡的眸子即刻亮了起来。在她写完作业后，我又立即对她的作业进行了批改，指出了其中的优缺点，告诉了她努力的方向。于是，韩雨带着从未有过的满足和喜悦走了。

我的心一下子亮堂起来，我的第一次反馈起效应了！

教育是灵魂与灵魂的对话，是心与心的沟通。我相信，"反馈效应"一定能让老毛病不再反复，韩雨一定能在我一点一滴的肯定和鼓励中健康成长！

实验证明：老师的评价方式的差别所产生的效果亦相应具有差别。如果老师给出成绩后，再根据学生的实际写一些有针对性的评语，激励效果最好；老师给出成绩后，写一些固定格式的评语（如"很好，发扬下去！""有进步，继续努力！"等），激励效果次之；如果老师只简单地给出成绩，而无任何评语，那么激励效果最差。同时实验还证明了，反馈效应不仅在知识学习中有表现，在动作技能的学习中，其表现也特别显著。

因此，"反馈"给教师在教学中的启示在于：

1. 在学习过程中，教师一定要及时地对学生进行反馈，避免学生出现毫无目的的学习和不知道学习结果的学习方式。

2. 让学生学会重视别人所作的评价，帮助学生认真总结自身的优缺点，从而明确自己的努力方向。

3. 正确对待自己的进步，成功时不骄傲，仍坚持继续努力；进展不理想时不要丧失信心，决心迎头赶上。

如果教师能及时把学生学习的情况反馈给他们，并给予一定的评价（批语、打分等），那么这样的教学效果会更好。这也是教师在教学中的智慧体现。

点燃星星之火

——发现后要及时赏识

教学的艺术不在传授的本领，而在于激励、呼唤、鼓励。

著名教育家陶行知先生指出：教育学生的全部秘密在于相信学生和解放学生。相信学生和解放学生，首要的是学会赏识学生。每个人在内心深处都渴求他人的尊重和赞美，学生更是如此。

戴尔·卡耐基是 20 世纪最伟大的成功学大师，美国现代成人教育之父。他一生致力于人性问题的研究，运用心理学和社会学知识，对人类共同的心理特点进行探索和分析，开创并发展出一套独特的融演讲、推销、为人处世、智能开发于一体的成人教育方式。可是谁又能想到他的成功竟然是来自继母对他的赏识呢？

卡耐基小时候是一个大家公认的非常淘气的坏男孩。在他 9 岁的时候，他父亲把继母娶进家门。当时他们是当地的贫苦人家，而继母则来自较好的家庭。他父亲一边向他继母介绍卡耐基，一边说："亲爱的，希望你注意这个全社区最坏的男孩，他可让我头疼死了，说不定会在明天早晨以前就拿石头扔向你，或者做出别的什么坏事，总之让你防不胜防。"

出乎卡耐基意料的是，继母微笑着走到他面前，托起他的头，怜爱地看着他，并用纤细的手轻轻地抚摸他的头。她看着丈夫说："你错了，他不是全社区最坏的男孩，而是最聪明的，只是还没有找到发泄热忱的地方。"

继母说得卡耐基心里热乎乎的，眼泪几乎滚落下来。就是凭着她这一句

17 <<<

话，他和继母开始建立友谊。也就是这一句话，成为激励他的一种动力，使他日后成功地创造了"28项黄金法则"，帮助了千千万万的普通人走上成功和致富的光明大道。因为在他继母来之前没有一个人称赞过他聪明。他的父亲和邻居都认定他就是坏男孩，但是继母只说了一句话，便改变了他的命运。

后来，卡耐基14岁时，继母给他买了一部二手打字机，并且对他说，相信他会成为一位作家。他接受了她的期望，并开始向当地的一家报纸投稿。他了解继母的热忱，也很欣赏她的那股热忱，他亲眼看到她是如何用她的热忱改变他们的家庭的。

来自继母的这股力量，激发了他的想象力，激励了他的创造力，帮助他和无穷智慧发生了联系，使他成为20世纪最有影响力的人物之一。

无独有偶，一位父亲用赏识教育使孩子创造了奇迹。南京周弘老师对自己的聋哑女儿周婷婷，采用激励、表扬手段开发她的潜能，肯定孩子的优点和长处，鼓励她不断成功，最终创造了特殊教育的奇迹：周婷婷在正常人的小学连跳两级，16岁时被辽宁师范大学特殊教育专业破格录取，21岁时被美国加劳德特大学录取到心理咨询专业攻读硕士学位研究生，从而在全国引起了轰动。周弘老师在教育女儿的过程中，不懈地探索教育的真谛，在教育上历经了五次质的飞跃，其最成功之处就在于采用赏识的教育方法对女儿进行教育。

有一位老师，她的班上有一位叫成成的学生学习基础十分差，平时学习也不太勤快，作业有的时候也不能按时完成。开学后不久，学校组织召开了一次家长会。在这次家长会上，通过和家长交谈，这位老师了解到成成在家里的时候，非常孝敬自己的父母。他妈妈告诉老师，一次，妈妈做了一些孩子喜欢吃的食物，但是量不多。成成吃了几口以后，就对妈妈说，自己已经吃饱了，并一再劝妈妈多吃一点。这叫妈妈感到很意外，孩子已经长大了，懂得孝敬爸爸、妈妈了。妈妈第一次为自己的儿子感动得流出泪来。听了这件事以后，老师觉得这是转变成成的一个绝好的机会。不久，这位老师带领同学们在课上学习了《荔枝》这篇课文。这篇课文是教育学生要孝敬父母的，趁着这个时机，老师在班上表扬了成成在家里孝敬父母的表现。

同学们都热烈地为他鼓掌，成成的脸上洋溢着幸福与自豪。老师接着说，"成成，你是一个多有爱心的孩子啊！老师相信你在学习上也能严格要求自己，不但能把作业完成好，而且经过努力后，成绩也会得到提高。同学们相信他吗？"同学们更加起劲地用掌声鼓励他。成成激动得脸都红了，此时的他上进心和自尊心已经被完全调动了起来。从此，他不写作业的次数越来越少了，作业写得也越来越认真了。

心理学研究表明：人在受到赏识的时候，工作或学习的效果最好。学生一旦受到赏识，无论对于眼前的学习还是日后的长久发展，都是大有裨益的。

马斯洛的心理需求理论提出，人的需要有一个从低级到高级的发展过程。每个时期都有一种需要占主导地位，而其他需要则处于从属地位。

第一层次需要：生理需要（饥、渴等）。第二层次需要：安全需要（安定、可靠、摆脱威胁等）。第三层次需要：归属和爱的需要（希望被他人接受、被社会接纳等）。第四层次需要：尊重需要（名誉、地位、尊严、自信、自豪等）。第五层次需要：自我实现需求（自我价值实现等）。

一般来说，学生最缺乏的是自尊和爱的需要。如果学生没有感到自己被人爱或者被人认可，或者认为自己无能，他就没有强大的动力去学习，导致无法实现教育的目标。教师对学生的赏识的核心恰巧是满足学生这种需要，让学生充分认识自己的价值。

心理学家千百次的实验与观察告诉我们：学生对自己的看法常常取决于周围人的评价，特别是老师的评价，哪怕是教师的一句话，或者是一个眼神，都会对学生产生终生的影响。

学生在某一方面取得了成绩，作为教师，应该及时发现、及时赏识，这样就可以激发学生看到自身的优点。他们就会从潜意识当中发现自己有着优秀的一面，从而带动学生在其他方面的进取心，并且相信自己在其他方面也会做得非常出色。在渗透了赏识的教育中，学生显得非常可爱。他们虽然年龄不大，却已学会了追求上进。学生的心灵在赏识教育的滋润中，健康、快乐地成长，为他们今后成为一个大写的"人"打下基础。

教育是一门科学，也是一门艺术。赏识便是教育的一种艺术体现。学生的成长很大程度上依赖于教师的赏识，学生的自信和进步也在很大程度上依赖于教师的鼓励。因而，教师在教育中要对学生多一些赏识，多一些鼓励。

相信自己是最好的

——让学生用自信心去发现自己

只有满怀自信的人，才能在任何地方都自信地生活，并坚定自己的意志。

从前，四川成都城外住着两个和尚。一个住在拥有大量田产的寺庙，每天过着舒舒服服的日子。另一个则穷困潦倒，每天除了念经，还得风雨无阻地去附近的乡村化缘，日子过得非常清苦。

有一天，穷和尚去拜会富和尚，对他说："我很想到印度去拜佛，求取佛经，你看如何？"富和尚说："路途那么遥远，你要怎么去？"穷和尚回答说："我有一个钵、一个水瓶、两条腿，关键是我还有对自己一定能够到那儿的信心。"富和尚听了哈哈大笑，说："我想去印度也想了好几年了，一直觉得那里实在是太遥远了，总是担心自己到不了那儿。再说我的条件比你的好，我都觉得有困难，你又怎么能坚持呢？"穷和尚听罢没有说什么，转过身去，向着求佛的方向迈出了坚定的步伐。

过了几年，穷和尚从印度取经归来，带回了很多佛教经典。这次，他再去富和尚的寺庙拜会老朋友，并且主动提出把从印度带回的佛经借给富和尚阅读。富和尚手里拿着好友带回的佛经，惭愧得面红耳赤，一句话也说不出来。

身无半点积蓄的穷和尚竟然完成了富和尚想了多年也没有付诸行动的愿望，原因何在？穷和尚虽然没钱，但是他拥有比富和尚的钱更宝贵的东西，那就是自信。

　　生活中大家常常会听说下面的情况发生：一个十分有天赋的歌唱演员平时练习的时候都很出色，可是每次一上台表演就要出错；一个优秀的运动员平时的成绩都很好，可是一到赛场就往往发挥不出来；一个平时成绩很优秀的学生，总是在每次重要考试的时候一败涂地。

　　冷静下来仔细看看自己身边的孩子，总是有些孩子做事说话很怕被别人反驳、让别人笑话，习惯上养成了做什么都畏手畏脚的毛病；有些孩子因为一两次考试没有考好，就认为自己没有学习的天分，害怕学习、害怕考试……为什么会出现这些情况呢？是他们真的没有能力吗？答案当然是否定的。其实他们缺少的不是能力而是自信心。没有自信心导致了他们自身有能力却发挥不出来，本来能够达到的目标却总是达不到。

　　自信心对一个人一生的发展所起的作用是无法估量的，无论在智力上还是体力上，或是做事的各种能力上，自信心都起着主导性的作用。一个学生如果缺乏自信心，就会缺乏探索事物的主动性、积极性，其能力自然要受到限制。最为关键的是，学生如果缺乏自信心，就不能真正地发现自己，把自身具有的潜力完全开发出来。

　　有一位女歌手，第一次登台演出，内心十分紧张。想到自己马上就要上场，面对上千名观众，她的手心都在冒汗："要是在舞台上一紧张，忘了歌词怎么办？"越是这样想，心跳得就越快，她甚至产生了打退堂鼓的念头。

　　就在这时，一位前辈笑着走过来，随手将一个纸条塞到她的手里，轻声说道："这里面写着你要唱的歌词，如果你在台上忘了词，就打开来看。"她握着这张纸条，像握着一根救命的稻草，匆匆上了台。也许是因为有那个纸条握在手心，她的心里踏实了许多。她在台上发挥得相当好，演出获得了成功。

　　她高兴地走下舞台，向那位前辈致谢。前辈却笑着说："是你自己战胜了自己，找回了自信。其实，我给你的是一张白纸，上面根本没有写什么歌词！"她展开手心里的纸条，果然上面什么也没写。她感到惊讶，自己凭着握住的一张白纸，竟顺利地克服了难关，获得了演出的成功。

　　"你握住的这张白纸，并不是一张白纸，而是你的自信啊！"前辈说。

　　歌手拜谢了前辈。在以后的人生路上，她就是凭着握住了这份自信，战胜了一个又一个困难，取得了一次又一次成功。

　　自信心是能力的"催化剂"，它可以将人的一切潜能都调动起来，将各部分的功能发挥到最大。古今中外有数不胜数的成功者，他们每个人都有各自的优秀品质，但有一点是这些人身上都具备的，那就是超凡的自信心。这些事业取得成功的人，敢于对自己提出更高的要求，并在失败的时候看到希望，最终获得成功。

心理学认为，人本身是一个能够高度自我调节的系统，一切外来的影响都要通过人本身的自我调节发生作用。人们大都根据对自身力量的分析、评价来决定自己的行为，由此而来的行为积极程度直接关系着活动的效能。在现实的教育中，很多成绩不好的学生或者大家眼中的"差生"，往往自我评价很低，在能够完成的事情面前，认为自己干不了，于是畏缩、犹豫、裹足不前，最终压制了自身能力的发挥。而过强的自我否定评价就是缺乏自信心的表现。这样的学生行为怯懦，处处依赖父母、老师和同学，做事效率低微。

学生正处于生理发育和自我意识迅速发展的阶段，情绪的两极性极为明显。教师的疏忽或教育误区很容易导致孩子自信心的缺失。那么，教师应如何培养学生的自信心，让学生自己去发现自己呢？

首先，要对学生多作肯定性评价。由于心理发展的局限性，学生的判断能力较弱，教师的心理投射是他们形成自我评价的主要来源。而学生需要从教师给予的肯定性评价中树立自信心，发现自己。如果教师在写成绩报告时，能评价学生聪明、能干，多写些激励性语言，学生就认为自己确实是这样，遇事就敢于自己动手去做；如果教师平时老是讲学生傻、没出息等有损自尊的话，他就觉得自己真的不行，失去了自己动手去做事的信心。

其次，要珍视学生的成功。当学生自己主动去干一些事，或根据教师的指导完成了力所能及的事情，教师所给予的肯定和鼓励，就能使学生产生积极的心理效应。适当的赞美言辞是滋润自信心的雨露，比如，"你能跟同学愉快的相处，老师真高兴。"这会使学生在交往中充满自信心。学生向你提出某种意见，你认真地倾听后说："你的建议很好，我很欣慰。"学生从你的反应中体验到自己是具有价值的。美国教育家罗达·贝克梅斯特尔说："如果我们希望自己的学生自信，我们就必须相信他们。"在学校，教师要多给学生动手的机会，还可以委托他们做一些有一定难度的事，让学生相信自己能完成，用自信去发掘自己的潜能。聪明的教师从不压抑学生跃跃欲试的愿望，而是鼓励他们独立去发现、去思考、去学习。

最后，要多给学生提供摆脱失败，创造成功的机会。挫折虽然会使人失去信心，但另辟蹊径却可使它转化。苏霍姆林斯基对四年级以下的学生从不打不及格分数，而让他们重新做失分的题目，让他们在进步中得到好成绩，并从中发现自己的力量。可见，教师要在教学中、活动中不断地创造成功的机会让自卑的学生参与其中来享受成功的快乐，使他们获取足够的自信心。如果学生没有把事情做好，教师就加以指责，甚至挖苦、讽刺，不仅会使学生失去信心，而且会导致学生和教师的对立。

谬·詹姆斯说："每个人都具有在生活中取得成功的能力。每个人天生都具有独特的视、听、触以及思维的方式。每个人都能成为富于思想与创造的人，一个有成就的人，一个成功者。"同样，每个学生都有自己的长处。教师如果能够引导学生用自信去发现自己的长处，并运用肯定、鼓励以及创设条件等手段帮助学生去强化它、发展它，当学生意识到自己在某方面比别人强，并非事事不如人时，自信和勇气就会油然而生。

有一句名言是这样说的：要让每个孩子都抬起头来走路。"抬起头来"意味着对自己、对未来、对所要做的事情充满信心。任何一个人，当他昂首挺胸、大步前进的时候，他的行动就带有诸多的潜台词——"我能行""我的目标一定能达到""我会干得很好的""小小的挫折对我来说不算什么"……假如每一个学生，都有这样的心态，他们肯定能不断进步。真正的自信者才能成为未来社会的领导者。教师要在日常的教育过程中引导学生自信地讲话，自信地做事，让学生用自信自己发现自己，让他们成为真正的强者。

第二篇：
用教育心理学去呵护学生

一株生长在大自然中的小草，只要风一大，它就会随风摇摆，甚至会被大风折断。我们的孩子就如这一株株幼嫩的小草，需要我们用心去呵护。

学生毕竟还是孩子，他们的心理是不成熟的，就像风雨中的小草，是易折的、易损的。作为教师的我们，如何能够使得教育之风更加柔和，如何能够为学生营造一个更好的外部环境，如何才能更好地呵护学生这脆弱的心灵，从而使他们更健康地成长呢？

教育心理学为我们找到了一些方法。换个角度看学生、用共情心理来看学生、用宽容的心理来教育学生……这些都是呵护学生心理的好方法。

精心呵护，避免心理伤害

——真诚平等地对待学生

你的教鞭下有瓦特，你的冷眼里有牛顿，你的讥笑中有爱迪生。你别忙着把他们赶跑。你可不要等到坐火轮、点电灯、学微积分，才认识他们是你当年的小学生。

在日常的教育教学过程中，一些教师对"问题学生"采取了疏远、惩罚的态度，甚至出语讽刺挖苦。这些看起来没什么大不了的行为，就是典型的校园"冷暴力"，它对学生心理造成的无形伤害的后果可能远远大于体罚带来的肢体伤害。

小亮在班上是老师眼中的"问题学生"，学习不好，不遵守纪律，班上什么坏事都和他有关系。由于同学们还是小学生，所以有时洗手会不注意关水龙头。有一次，同学们从户外体育活动回来，在进行洗手擦脸之前，老师再三地强调："同学们洗完后，一定要记得关水龙头。"可是，所有的学生洗完手出来后，老师发现还有一个水龙头没有关。看到这一情形，老师很生气，然后对所有的学生说："是谁刚才没有关水龙头，现在马上去把水龙头关了！"老师怒不可遏地盯着所有的学生，学生们被吓得把头低得很低很低，都不敢吱声。1分钟、2分钟、3分钟过去了，可是，还是没有一个学生主动站出来去把水龙头关了。这时老师更生气了，最后，根据自己的判断（更准确地说应该是在当时情况下的一种主观臆断）下达命令："小亮，你去把水龙头关了！"小亮申辩道："不是我！我不去！"老师以不容争辩的口气说："我现在命令你去，你不去也得去！"最后，小亮只好含着眼泪去把水龙头关了。就是因为平时小亮在班上比较调皮，老师就认定是小亮没有关水龙头，以命令的语气让小亮去把水龙头关上，在语言上、在教育的行动上，对小亮的内心造成了极大的伤害。正是这一伤害，使得本来很活泼的一个孩子变得内向沉默——在很长时间里都没有看到小亮的脸上有过笑容。

对学生的心理伤害主要是来自教师的言行，无论是有意的还是无意的，只要导致学生在行为、智力、情绪或身体功能等方面，受到暂时或永久性的伤害，都叫做心理伤害。

心理伤害对学生心理的健康发展影响很大，美国心理学家艾吉兰教授指出："在心理上受过伤害的学生，在其成长中所遭受的思想和心理阻滞，甚至比在肉体上受过伤害的学生更大。因为心理上的伤害是对学生自尊心的破坏。"

有些学生性格内向，不愿意和别人进行交流、沟通，如果他们的心理受到伤害，往往会郁郁寡欢、烦躁不安，时间长了就会得抑郁症等心理疾病；而对于外向的学生而言，如果他们心理上经常受到伤害，他们就会以攻击性、残忍性、报复性、破坏性等各种行为和恶作剧的心理处理事情，以此来向外界发泄内心的不满。下面我们来看一则新闻：

中新网曾报道：

两名上六年级的小学生相约服毒自杀，而孩子自杀前留下的"遗书"却被老师撕毁。"是老师体罚间接害死了两个孩子"，学生家长如是说。于是，家长将学校和班主任一起告上法庭。经法院两审后，学校和两学生家长最终在云南省高级人民法院主持下达成调解协议，由学校补偿两个家庭各5.6万元。

这个悲剧让人扼腕叹息，沉思不已！很多人总要忍不住大声追问：如今的学生到底是怎么了？可是，为什么就很少有人质问我们的教师、我们的教育"到底是怎么了"呢？

也许有一些学生的确在性格方面存在着某些不足，但是生命的宝贵是谁都懂得的道理，没有谁会不爱惜自己的生命而轻易地选择结束。

学生的心理是脆弱的，极容易受伤害，并且一旦心理受到伤害，就会对今后人格的健康发展带来难以预知的消极影响。教师一定要从教育的各方面尽量减少对学生心理的伤害。身体上的伤害容易被发现，而且也容易恢复；但心理上的伤害则不易被发现，并且其后效十分持久甚至影响学生的终生！心理伤害事件确实值得教育工作者关注！所以，为了促进学生心理健康发展，教师必须重视学生的心理问题，尽量减少自己的教育行为对学生心理的伤害。

美国教育心理学家古诺特博士所写的一段话很值得我们深思："在经历了若干年的教师工作之后，我得到了一个令人惶恐的结论，发觉我是教学成败的决定因素。我可以用个人的方法去营造学习的环境，也能用每天的心情去决定学习的气氛。身为老师，我掌握无比的权力，使学生过得悲惨或快乐，我可以作为折磨人的工具或激发灵感的媒介。我能侮辱人或使人开心，也能伤人或救人。"这位博士的反省是真实的，其实作为在社会上很平凡的角色之一的教师，他们对于学生来说却拥有至高无上的权力。如果教师不能好好利用这些权力，那么学生就有受到心理伤害的可能。

大家都知道了对学生造成心理伤害后果的严重性，那么怎么减少对学生的心理伤害呢？下面是一位成功教师的建议：

第一，遇到问题多从学生的角度来思考。经常在心里问自己：如果我是这个学生，会发生这种事情吗？我做学生遇到了这种问题怎么办？教师要学会以学生的思维而不是成人的思维来看待学生。只有这样，教师才能理解学生的所作所为，正确看待学生成长中的各种现象。例如，有些高中班主任为了提高大家学习的积极性，就宣布每月按月考成绩调一次座位。这个做法初看起来没有什么，其实这在无形中伤害了自尊心很强的学生。很多学生会更加对学习失去兴趣。这些看起来无意识的伤害，都会在学生的心里留下一块伤痕，要想抹掉它，需要付出十倍、甚至百倍的努力。

第二，要真诚平等地对待学生。学生虽然还不成熟，但却是一个有着自己独特的认识和情感的个体，教师千万不要忽视这一点。真诚平等地对待他们才能换来他们对教师的信任。很多教师喜欢用命令的口气让学生做一些事情，这些在小学里可能还行得通，但是到了中学，由于学生的逆反心理增强，他们往往采取"非暴力不合作"的态度，也就是既不听你的，也不和你当面顶撞。很多教师为此头痛不已，其实如果你换个态度，真诚平等地与他们沟通，结果可能会是另外一个样子。

最后，教师要提高自己的行为和修养水平。教师除了人生阅历、知识、自然年龄等之外，与学生的区别基本为零。教师并不是圣人，也有自身的缺陷。这就需要教师提升自己，以免因为自己的缺点伤害学生。性子急躁的教师，面对出现问题的学生一定要学会冷静；粗心大意的教师，不妨在自己的办公桌上摆一个备忘录；悲观心态的教师，不妨学习一下幽默的技巧，先让自己快乐起来，然后再把这种快乐带给学生。

换一换就是不一样

——用共情心理看看孩子的世界

教师在教育学生时，多是从自身的观点出发，很多时候没有顾及学生的感受，使得自己对一些问题的处理不能令人满意。如果教师多站在学生的立场上来解决问题，相信学生会很容易接受的。

共情心理指的是一种能深入他人主观世界，了解其感受的心理素质。我们若能将这种心理运用于日常事物的处理中，很多问题都可以迎刃而解。

下面是一道小测试题，请大家思考一下，给出答案。

一对恋人乘坐一辆巴士进入山区旅游。车行到中途，他们因为实在太喜欢山里的风景便提前下了车。那辆巴士放下了这对恋人继续前行。由于那段日子山里老是下雨，很多地方发生了泥石流和塌方。巴士继续行驶途中，一块大石从高处坠下并将巴士压得粉碎，所有乘客无一生还。

那对恋人在山顶眼睁睁地看着悲剧发生。事后别人问他们的感受，两个人不约而同地说："如果我们都在那辆巴士上就好了！"他们的答案令大家十分疑惑。一般人遇到这种事都会说："还好我们刚好下车了！"但他们却说了不同于一般人的话，你认为他们为什么会这样说？好好想想再往下找答案，再想想吧！

答案：如果他们都留在车上没有下车，那辆巴士将会因他们没有下车而赶在大石坠下前驶过出事地点！你答对了吗？若你答对了，你极有可能在大家看似简单的问题面前多了一种换位思考的素质，多了一种用共情心理来体验他人的素质。

心理学认为，共情心理是人对人的一种心理体验过程。将心比心，设身处地，是达成理解不可缺少的心理机制。这种思考方式客观上要求人们将自己的内心世界，如情感体验、思维方式等与对方联系起来，站在对方的立场上体验和思考问题，从而与对方在情感上得到沟通，为增进理解奠定基础。它既是一种理解，也是一种关爱！

在教育教学中学会用共情心理来对待出现的问题和事情，那么教师将收获一个更为理智的结果。这种思考方式能使教师把事情的真相看得更明白，再处理起来也就更少出现错误和偏差。下面是一位博客名为"与你同行"的班主任的教育小故事。

当班主任最头疼的莫过于处理学生间鸡毛蒜皮的纠纷了。这些纠纷说大不大，没什么原则性问题；说小却也不小，它影响学生情绪，破坏团结，耗费班主任的时间与精力。

面对此类纠纷，如果班主任直接判定谁是谁非，学生往往认为老师偏袒对方。所以我通常采取的对策是"把球踢给学生，让学生学会用共情心理体验他人"，一般采取如下几个步骤：

第一步：先问学生发生了什么事，让学生自己讲述事情的经过。开始学生往往带着自己的感情色彩，且情绪都较激动，但通过倾诉和老师耐心的倾听，他们的激动情绪已得到了相对缓解。

第二步：问学生觉得对方错在什么地方。这时学生往往会把责任推给对方，这是一个可以理解的必然程序，也是为下一步做必要的铺垫。

第三步：紧接着问学生"如果你是他，你会怎样处理这件事。"这时老师又把球踢给学生，要求学生运用共情心理进行换位思考了。当学生站在对方的立场时，往往开始意识到对方行为的合理性和自己的偏颇，对自己的行为已不那么理直气壮了。

第四步：问学生"如果他是你，他该怎么办。"当把对方换成自己后，经过进一步的运用共情心理，这时学生已经能较全面地考虑双方的需要，理解或谅解对方的行为了。

第五步：问学生"如果你是老师，应怎么解决这件事。"这时学生往往已经不生气了，大都能意识到自己的错误，纠纷已经不了了之。这时老师可以再趁热打铁，教他们宽以待人、严于律己，妥善处理日常纠纷和矛盾。

上面这位教师的做法其实就是在教给学生运用共情心理来思考问题，使学生站在对方的立场上对事件进行全新的思考，这种方法不需要教师花费大的精力盘查事件背后的来龙去脉，就把很多问题解决了。

心理学研究表明，人们对别人行为的理解都是高度依赖于自己的直接经验。但是由于直接经验受到很多限制，导致人们在很多时候不能很好地理解别人。学会运用共情心理，当你将自己的眼光移到对方的角度，用对方的心体验世界时，你会获得许多从来没有的理解，对别人看来荒唐的念头和做法，也会觉得是自然的事情。教师在教育中利用共情心理的方法对待学生，才能做到真正地理解学生。下面是一个让人深思的故事。

有一位母亲很喜欢带着自己5岁的女儿逛商店，可是小女孩每次听到妈妈说让她跟着去逛商店就赶紧躲起来。对于女儿的做法，母亲觉得很奇怪。商店里琳琅满目、五颜六色的东西那么多，还有很多玩具和零食，小女孩平时那么喜欢这些东西，可她为什么不喜欢去逛商店呢？

孩子每次跟着妈妈到了商店里都死死地拉着妈妈，一脸惊恐，这位母亲看了四周并没有发现异常，所以就没把这些放在心上。直到有一次，孩子的鞋带开了，母亲蹲下身子为孩子系鞋带时，突然发现了一幕从未见过的可怕的景象：眼前晃动着的全是腿和胳膊，与童话故事里描写的地狱或者其他阴森恐怖的地方十分相似。聪明的母亲马上就明白了问题的所在，她抱起孩子，快步走出商店。从此，即使是必须带孩子去商店的时候，她也是把孩子扛在肩上。

"蹲下身来看看孩子的世界"，运用共情心理反思现在的教育，真的有点可怕。学生犯了错时，教师往往喜欢采取一些责问、训斥、罚站等简单明了的解决办法。这样的做法学生根本不会有安全感，设想一下没有安全感的教育怎么会有效呢？难怪很多老师在教育学生之后，没有期待到想象的效果时，也多半觉得委屈，觉得"好心没好报"。其实，这样大动肝火的惩罚，不如宽容、谅解和体贴入微的感情上的感化。

教育要考虑到学生的可接受性。以关爱学生的态度教育学生，这样的教育才会有安全感，有安全感的教育才会有效，学生才会有自信，才会有追求，才会有奋斗的动力。

共情心理，其实就是对自己工作的一种反思，反思自己的行为需要勇气。但是，很少有老师站出来勇敢地承认自己的错误。作为学生工作者，这种敢于正视自己、反省自己的勇气是必不可少的。人们常说：换位思考，理解万岁。

当我们有勇气直面自己时，就会发现，其实自己做得很不够。

　　对待学生，特别是那些所谓的"双差生"，更有必要进行一下换位思考。所谓"双差生"只不过是学习上落后些或纪律上松散些，其实他们也有自己的闪光点，最起码他们也和一般人一样有自尊。教师不能用异样的眼光看待他们，歧视他们。一个人真的失去了自尊就什么都无所谓了，所以"双差生"最不怕批评，因为他们日常接受批评最多。但如果教师运用共情心理，站在学生的立场上多为他们想一想，或许就是另一种结果。

不要开错窗

——换个角度看学生

换个角度看问题，会让你心情豁然开朗。

"横看成岭侧成峰，远近高低各不同。"换一种眼光，生命会展现出另一种美；换一个角度，我们可以发现平淡中的新奇，也可以发现平凡中的伟大。

一个小女孩趴在窗台上，看窗外的人正在埋葬心爱的小狗，不禁泪流满面，悲痛不已。她的外公见状，连忙引她到另一个窗口，让她欣赏他的玫瑰园，果然，小女孩的心情顿时明朗。老人托起外孙女的下巴说："孩子，你开错了窗。"

是的，你开错了窗。这位外公是个智者，他能够让小女孩从泪流满面到心情明朗，是因为他帮助小女孩打开了另一个窗口，看到了完全不一样的事物。在推行素质教育的今天，也需要我们教师能够打开自己心里的另一个窗口，转换角度，从另一个角度来看我们的学生。这种角度的换位，会让教师发现学生身上的闪光点，并在当赞之时赞到位，因此产生令人难以置信的奇迹。

打开另一扇窗户，你就看到了希望。

高小丰，一个曾让老师和家长很头痛的"问题学生"，后来却被全英排名第四的谢菲尔德大学航空航天专业"本硕连读"班录取。

上初中时，由于忘带作业、迟到、上课说小话等问题，高小丰经常受到老师难听的责骂、罚站、请家长等处罚，这让倔犟的他感觉和老师"处不好"，干脆"破罐子破摔"，后来索性不做作业、不听讲。高中时，他的厌学情绪达到极点，只喜欢足球、摇滚，还学着打架子鼓，成绩一落千丈，成为班上倒数第一二名。曾在英国工作过的父亲决定给高小丰换一个教育环境试试。在新环境里，高小丰发现："这里，老师和学生是朋友，老师对学生的每个创造性思维都加以鼓励，不仅教授英语，还教授国外的学习模式和课程。"为了弥补自己以前所失去的一切，高小丰努力学习，以行动证明了自己——除英语外，所有科目都是优。他还专门参加了外教的雅思培训班，4个月后，雅思一举考得6.5分，口语更高达7分。

"差学生"当然是相对于"好学生"而言的。高小丰，他不就是我们某些老师眼里的"差生"吗？他——"忘带作业、迟到、上课说小话"，以致"后来索性不做作业、不听讲"，真是"差"到极点了。由此可见，教师眼中的"好学生"应该是每天按时并且保质保量地完成老师布置的各项作业，即使是各科老师布置的作业加起来堆积如山，这些"好学生"也会认认真真、毫无怨言地完成；应该是天天按时上学，按时放学，不迟到不早退；应该是上课规规矩矩，老师说做什么就做什么，不会对老师有丝毫怀疑，甚至老师在教学中的错误，也不会说出来；应该是"两耳不闻窗外事，一心只读圣贤书"的"书生"，其他什么事也不用管，只要考试能考出好成绩、高分数，即使是在课后、在校外，目无尊长、我行我素、自私自利……如此才是我们老师眼里的"好学生"，否则，像高小丰这样的不被一脚踩扁才怪呢！

处在学习过程中的学生不就像一杯没倒满的水吗？很多教师通常只看到那"空的一半"。有的学生因为"空"得比别的学生多一些，就成了教师训斥的对象。教师在批评这些学生时，往往措辞严厉，伤害了他们的自尊，结果导致学生自暴自弃。如果教师换个角度，盯住学生"满的一半"，捕捉他们的闪光点，呵护他们，鼓励他们，让他们在教师的角度转换下产生自信，那效果岂不是更好？

换个角度看学生，换个角度看"差学生"，树立只要教育得法，人人都能成才的教育思想。教师要善于发现学生的特长，努力加以培养，使之成为合格并且拥有特长的学生。

陈琦、刘儒德主编的《教育心理学》认为：教师需要帮助学生认识和发挥自己的智力优势。教师可以让每个学生明白自己擅长智力的什么方面，从而充分利用它们，明白不擅长智力的什么方面，从而改进或者回避它们。教师还可以让学生在学校中进行合理地选择，以充分利用自己的智力，最终实现自己的目标。由上面的理论可以得出，教师在学生的成长道路上起着非常重要的作用。学生能否成才很多时候受到教师对待学生的态度的影响。很多事情用悲观的眼光看，你就收获伤心，而换一种角度或许结果截然相反。

一位挑水夫，有两个水桶，分别吊在扁担的两头，其中一个桶子有裂缝，另一个则完好无缺。在每趟长途的挑运之后，完好无缺的桶子，总是能将满满一桶水从溪边送到主人家中，但是有裂缝的桶子到达主人家时，却总是剩下半桶水。

两年来，挑水夫就这样每天挑一桶半的水到主人家。当然，好桶子对自己能够送整桶水感到很自豪。破桶子呢？对于自己的缺陷则非常羞愧，它为只能负起责任的一半，感到非常难过。

饱尝了两年失败的苦楚，破桶子终于忍不住，在小溪旁对挑水夫说："我很惭愧，必须向你道歉。"挑水夫问道："你为什么觉得惭愧？""过去两年，因为水从我这边一路地漏去，我只能送半桶水到你主人家，我的缺陷，使你做了全部的工作，却只收到一半的成果。"破桶子说。挑水夫替破桶子感到难过，他蛮有爱心地说："在我们回主人家的路上，我要你留意路旁盛开的花朵。"

果真，他们走在山坡上，破桶子眼前一亮，看到缤纷的花朵，开满路的一旁，沐浴在温暖的阳光之下，这景象使它开心了很多！但是，走到小路的尽头，它又难受了，因为一半的水又在路上漏掉了！破桶子再次向挑水夫道歉。挑水夫温和地说："你有没有注意到小路两旁，只有你的那一边有花，好桶子的那一边却没有花呢？我明白你有缺陷，因此我善加利用，在你那边的路旁撒了花种，每回我从溪边回来，你就替我一路浇了花！两年来，这些美丽的花朵装饰了主人的餐桌。如果你不是这个样子，主人的桌上也就没有这么好看的花朵了！"

其实教师应该好好学学挑水者的智慧。如果教师戴着"悲观"眼镜看待学生，那么很多学生可能是调皮、扰乱班级秩序、喜欢嫉妒、欺负弱小的同学；如果换上另一副眼镜，或许你看到的可能就是他们的热情、活泼、上进心强。英国教育家洛克说过："教育上的错误正和配错了药一样，是无法补救的，它的影响是终生洗刷不掉的。"教师如果选择了一个错误的角度来看学生，这些认识一旦成为稳定的观念，就会成为自己教育生活的一部分。因为观念具有自我保护功能，教师要认识到这种观念的不合理性就十分困难了。

教师一定要选择正确的角度对待学生。著名特级教师魏书生说："改变了自己，昨天最难教育的学生可能变成今天最与自己知心的学生；昨天最不愿讲的课，今天讲起来可能成为一种享受。"所以，教师们，请改变一下自己，换个角度看学生吧！

不害怕向学生道歉

——教育的前提是尊重

教学必须触及学生的情感领域，触及学生的精神需要，以尊重学生为前提，这样才能发挥更大的作用。

尊重，就是能够更多的设身处地地领悟他人所思所感所为，从他人的角度看问题，真正从心底里设身处地地理解别人、关心别人。在班主任工作中，这种尊重他人的能力很重要，能起到意想不到的效果。

凡是担任过班主任工作的教师，都会发现这样的情况：班里经常会有几个脾气很是倔犟的学生，教师越是运用自己的权威对他们进行批评，他们的叛逆性就越强，就像一个皮球一样，你拍得越重，它弹得就越高。有时候虽然表面上虚心接受，但行动上却阳奉阴违。班主任如果处理不好这些学生的问题，很容易造成师生关系紧张，甚至引发师生对立，进而使得班主任在学生中的威信下降，导致很难管理好整个班级的效果。

难道上面的问题真的就没有解决办法了吗？答案肯定是否定的，不然怎么还会出现那么多的优秀班主任。这些优秀的班主任在遇到这类倔犟的学生时，往往注意调整自己的"战术"。他们通常先积极地关注这类学生，细心地注意他们的一言一行，注意他们如何表达自己的问题，并与他们进行心理沟通，认真倾听他们的心声。在倾听和关注的过程中推断学生的感受、信念和态度，并由此深入到学生的心理世界，通过这一过程，一个优秀的班主任往往能找到他们的破绽所在。这个时候班主任设身处地地为他们着想，把握他们的心理，对他们的困难和迷惑加以正确地指导。这些做法比武断利用教师权威要好不止千倍万倍了！而这种处理学生问题的过程正是班主任所具有的"尊重"能力的体现。

班主任在工作中如果能够把握"尊重学生"的妙处，其实对于学生就是一种巨大的关爱。下面是一个教师讲述的关于他和他的学生的故事。

几年前，这位教师新接了初二（5）班。他一上任就召开班干部座谈会了解班级情况。他很快发现大家反映的问题都与一个叫吴刚的学生有关。这个学生的情况是：从初一起，上学基本每天都迟到，这使得本班在学校流动红旗竞赛中经常落榜，全班几十个同学的辛勤努力往往因为他的迟到而付诸东流。初一时的班主任多次对他进行批评教育但都无济于事，他照样我行我素。这使其他同学对他意见很大。大家都处处孤立他，搞得他现在终日独来独往、郁郁寡欢。

了解到这一情况后，这位教师并没有马上对这位同学进行纪律和班级荣誉教育。他在当天下午放学后就去了这位同学家，当时的情景很让这位老师感动，这位经常违纪的"坏学生"正在洗衣服，而锅里正煮着饭，家里并没有家长。原来他一直自己料理生活，并且还要照顾小自己三岁的弟弟。这位学生家里的情况十分特殊，母亲几年前因为家庭生活不如意而自杀了，前两年父亲另外组成了家庭，住到了外面。家里只有他与他的弟弟相依为命。在接连不断的打击下，孩子的内心十分沉重，逐渐变得心理封闭，最后患上了很严重的精神衰弱症，每天晚上几乎要到两点左右才能入睡。

了解了这个学生的不幸身世，教师的眼泪盈眶，他当场向学生表示了歉意。临别时，这位班主任第一次看到了孩子的笑容。

第二天，这位班主任在班里本着尊重孩子、保护孩子心理的前提下，解释了这位同学的困难并且当着全班同学的面特许那位学生迟到。

事情的结果是这位同学以后再没有迟到过，他的精神疾病也渐渐地痊愈了，班里的同学主动地帮他打理家务，一起约他玩耍，他脸上的笑容也越来越灿烂了！

上面的故事中，那位班主任用"尊重学生"的方法圆满地解决了问题，他不仅帮助了那个迟到的同学，同时也教给了其他同学理解别人、尊重别人、宽容别人的美德。

上面的故事当然只是特例，但是如果每一位班主任都多花些心思了解学生，避免用简单粗暴的方法来处理他们的问题，那么很多难题都会迎刃而解。

班主任利用对学生的尊重仅仅做到了解学生是不够的，很多时候还需要班主任有着向学生认错的勇气。其实任何人都会犯错误，不管是优秀的班主任还是普通的你，优秀者之所以优秀是因为他们对待自己错误的态度要比大多数普通人高明。一个勇于向学生道歉的班主任才是真正勇敢的班主任、优秀的班主任。下面这位班主任就是大家学习的榜样。

在一所著名的高中里，他们经常挑选经验老到的教师担任高三年级的班主任。一名以善于治班出名的中年教师在这一年新接手了一个升入高三的班级。通过和以前的班主任交谈，他了解到这个班的女生占多数并且主导了班内的事务，有些学生还十分傲慢，上一届的班主任因此头痛不已。

这个新上任的教师继承以前的做法，一开始就想向这些女生表示一下自己的善意。所以在女生寝室调整的时候，他决定把自己班级的女生调入几个寝室集中居住。这样不仅便于班内学生的交流和团结，而且还易于管理。抱着这种美好的愿望，这位老教师主动与学校有关部门联系，取得了学校的同意。但是当这位自觉为大家做了一件好事的班主任把这一决定告知学生时，却发生了意想不到的事情。当天就有几个女生措辞十分激烈地拒绝执行调换命令。

这位班主任凭借自己多年的经验，意识到学生肯定有自己的问题。于是他找来寝室长谈话了解大家的真实想法。最后总结表明学生的要求并不是无理取闹，她们有着自己的原因：第一，同一屋子里的同学一起居住相处已有两年，彼此之间已结成了深厚的姐妹情谊，所以很舍不得一下子突然分开。第二，大家现在已经是高三了，如果再换宿舍，势必会和一些新人住在一起，必然要经历重新的交往磨合，这样肯定浪费大家很多不必要的精力，同时其他的同学也一时很难融入这一群体中，对她们也有不利影响。还有一点就是这个班是高三的实验班，也就是很多优秀的学生都集中在这里，如果一下子把同一宿舍里其他非实验班的女生调出去，那么对这些人势必造成一种被驱逐的心理伤害。

了解学生的真实想法以及隐藏在事件背后的原因之后，这位班主任认识到自己在这一问题上的冒失，他只是想到调整寝室对班级管理工作的方便和便于本班学生的学习交流，而没有站在她们的立场上去尊重她们的想法，没有认真考虑她们的具体感受。这位优秀的班主任并没有回避问题，一味照顾自己的面子，他当天就召开了班会，他毫不避讳自己的过失，当堂向女生们表示了自己的歉意，并且表示自己会和学校商议取消调换宿舍的决定，最后表达了自己希望她们谅解的意愿。结果当然是这些女学生被老师感动，她们并没有在以后的高三一年中因为老师犯过错误，并且还向大家道过歉就不尊重这位班主任，相反她们本着谅解的态度很少给班主任制造"麻烦"。

向学生认错并不是一件丢人的事，但并不是每一位教师都能这样做。是维护自己的尊严，还是尊重学生的想法，按照更有利于学生发展的方法来处理事情？不同的教师对此做出了不同的选择，也得到了不一样的结果。

苏联教育家赞可夫指出：教学必须触及学生的情感领域，触及学生的精神需要，才能发挥高度有效的功能。班主任管理班级一定要注重对学生的尊重，本着理解和谦虚的态度，积极地了解学生的生活细节，理解和认同学生的感情。

换换角色，换换心情

——引导学生挣脱心理上的角色束缚

如果教师能够以学生的角色进行教育，那么效果将会怎样呢？

角色一词是戏剧用语，后被心理学和社会学大量地用于分析人的心理、行为与社会规范之间的相互关系。一个人在戏剧中扮演某个角色时，为了使自己的言行体现该角色的要求和特点，总要力求使自己做好，而且越像、越贴近，效果越好。每个人都是社会的一分子，都是社会中的一个角色，在不同的场合所扮演的角色是不同的，而且通过对角色规范的理解，表现出合乎角色规范的角色行为。无论是什么人，只要他的心理是正常的，在某些场合下，他都要力求使自己的行为合乎角色规范。这就是一种角色的效应。

心理学家通过观察发现：两个同卵双生的男孩，他们的外貌非常相似，生长在同一个家庭，从小学到中学，直到大学都是在同一个学校，同一个班内读书。但是他俩在性格上却大不一样：哥哥性格开朗，处理问题果断，待人主动热情，很早就具备独立工作的能力。而弟弟遇事缺乏主见，在谈话和回答问题时常常依赖于别人，性格内向，不善交流。

是什么原因造成兄弟俩在性格上有这样大的差异呢？

一个重要原因是他们在成长过程中充当的"角色"不一样。在生下来后，他们的父母在对待他俩的态度上就大不一样。尽管他们是孪生兄弟，但他们的父母就责成先出生的为"哥哥"，后出生的为"弟弟"。哥哥必须照顾弟弟，要对弟弟的行为负责，同时也要求弟弟听哥哥的话，遇事必须同哥哥商量。这样，哥哥不但要培养自己独立处理问题的能力，而且还扮演了弟弟的"保护人"的角色；弟弟则充当了"被保护"的角色。

可见，孪生兄弟的性格差异形成的关键因素是充当何种角色。其实，"角色效应"并非只是存在于孪生子之间，正常的人都会受到角色的影响。充当"工人"这个角色，就会受到"默默奉献"等一些角色要求的影响；充当"教师"这个角色，就要具备"学高为师，身正为范"等角色要求。

同样，学生在校、班、组中所充当的角色也影响了他的性格。日本心理学家长岛真夫等人，研究了班级指导对"角色"加工的意义。

他们在小学五年级的一个班上进行了实验。这个班有47名学生，他们挑选了在班级中地位较低的8名学生，任命他们为班级委员，在他们完成工作任务的过程中给予适当的指导。一个学期过后进行评定，发现他们在班级中的地位有显著的变化，第二学期选举班干部时，这8名学生中有6名又被选为班级委员。另外，他们也观察到这6名新委员在自尊心、安定感、开朗性、活动能力、协调性、责任心等方面都有所变化。从全班的统计来看，原来不积极参加班级活动的孤独、孤僻儿童的比例大大下降了，整个班级的风气也有所改变。

"角色"在很大程度上影响着学生性格的形成。发挥角色的良好效应有助于学生的健康成长。在教育实践中，教师要不断创设情境，让学生能经常设身处地地站在他人的角度来思考问题，比如，教师可以尝试将班干部等角色让每一位学生都有机会充当，让学生当小教师，在实践中体验管理班级事务，学习管理班级的方法，学会帮助同学，学会与同学友善相处等。

教育心理学研究表明：新鲜事物能让学生产生非常浓厚的兴趣，而一旦激发了学生的兴趣，学生就会将注意力集中，进而产生愉快、紧张的情绪以及主动的意志努力等心理状态，这样事物就会在学生的脑海中留下深刻的印象，从而改善活动的效果。让学生扮演特定的角色，能引起他们对参与活动的强烈兴趣，能在很好地发挥其主体性作用的同时，较好地激发学生参与教育教学活动的兴趣，从而使教育教学活动顺利进行和教学目的顺利实现，这是已经被事实证明了的。

教师在教学中如果巧妙地利用角色转换给学生提供全新的体验，那么教学很可能会出现神奇般的效果。下面是一位语文教师的教学心得：

苏教版小学语文第二册18课《鸟岛》一文，介绍了鸟的有关知识，讲述了鸟与人的关系，重点向读者介绍了那闻名中外的鸟岛。因此，如何让学生体会鸟很多，感受鸟与人的关系是本课教学的重点和难点。为了让学生真切体会这些，我先让学生深入阅读课文，再让学生把书上的语言转换成自己的语言，说说文中是如何体现鸟非常多的。最后，我让学生扮演成游客，说说你来到鸟岛看到了什么？作为游客把你看到的鸟岛世界、密密麻麻的鸟窝、窝里窝外的鸟蛋讲一讲、说一说。结果学生说得非常精彩。有的说："我来到鸟岛看到的都是鸟，天上飞的、地上走的、耳边掠过的到处都是。"有的说："鸟岛上的鸟真是太多了，数都数不清。"有的说："我来到鸟岛我觉得鸟是主人，我才是客人呢。"有的说："我闭上眼睛伸手都能捉到鸟，随处都能摸到鸟蛋。"有的说："我在岛上走路都得小心翼翼的，因为一不小心都会踩到鸟窝，踩坏鸟蛋。"还有的说……

看到学生争先恐后地发言，我心中暗暗想：是啊，由于学生角色的转换，学生仿佛有了身临其境之感，学生想说了，也有话说了，说得也津津有味了；由于学生角色的转换，不自觉地锻炼了学生的想象力和表达能力，显现了学生的理解能力、感悟能力和学习兴趣；由于学生角色的转换，学生与鸟的距离拉近了。那一只只自由的小鸟仿佛变成了他们的朋友，他们的心也随小鸟一起飞翔；那一个个五彩的鸟蛋仿佛就是他们自己的小宝贝，需要他们精心地呵护；那一个个难看的鸟窝也变得美丽温馨了。此时，鸟儿的一切都是美的，鸟真的成为他们的朋友了。

在现实生活中，学生和教师很多时候会对各自的学与教的角色感到厌倦，但又不得不面对相同的重复的东西。怎么应对这种自感无聊的环境和心态呢？教师给自己换个角色，让学生也换个角色，经常巧妙地运用这种角色转换技巧，那么谁还会感到厌烦呢？

放宽心灵

——以宽容收获学生的笑脸

宽容不仅是一种雅量、文明、胸怀，更是一种人生的境界。宽容了别人就等于宽容了自己，宽容的同时，也创造生命的美丽。

《不列颠百科全书》中关于宽容的定义是：宽容即允许别人自由行动或判断；耐心而毫无偏见地容忍与自己的观点或公认的观点不一致的意见。我国《现代汉语词典》中对宽容的解释是：宽大有气量，不计较或不追究。著名作家亨德恩克·房龙在《宽容》中说道：容许别人有行为和判断的自由，对不同于自己或传统观点的见解的耐心公正的容忍。

在学生的成长进程中，由于其心理和生理的不成熟，难免会出现这样那样的错误行为，甚至经教育后仍重复犯错。比如，有的学生作业经常拖拉，有的学生不遵守课堂纪律，有的学生不愿意参加集体活动，有的学生经常会和别的同学发生矛盾……面对学生的过错，教师需要用宽容的态度，去耐心地帮助和教育学生。

有一则寓言讲的是北风和南风打赌，看谁能把行人的大衣脱掉。北风起劲地刮，可越刮，行人把大衣裹得越紧；南风徐徐，轻软温柔，使人自觉地把大衣脱下。南风之所以能达到目的，就是因为它顺应了人的内在需要，使人的行为变为自觉。这则由法国作家拉·封丹写的寓言，告诉我们：温暖胜于严寒。在教育教学中，教师一定要了解学生的特点和实际需要，采取人性化教育方式。教师要尊重学生的人格和自信心，相信学生都有一颗向上、向善的心。在情感上尊重学生、关心学生；在行为上激励学生、宽容学生。要容忍学生的缺点，客观、理智、科学地处理教育教学中出现的各种问题。

有一位班主任对学生的吵闹现象一向十分反感，所以开学初就在班级上特别强调学生不得在教室或走廊上吵闹。有一次上午课间的时候，两名学生在走廊上大吵大闹，被这位一向"从严治班"的老师发现了，然后将这两位同学叫到办公室里，对他们进行了一场狂风骤雨般的批评。一名学生低下了头，感觉到自己在走廊上吵闹是不对的，另一位同学态度却相当恶劣，和老师在办公室里发生了争执。这位班主任当时心想："你犯了错误不但不知悔改，居然还敢在办公室里和我争执，你眼中还有我这个班主任吗？"这时班主任已经气得不行了，差一点和这名学生起了冲突。这一天，他难受极了，感觉到自己这个班主任的威信已降低到了极点。没多久，班主任一个人冷静下来，反思自己的行为，觉得自己这样对待学生十分不妥，认识到自己的错误："学生犯了这一点错，我有必要这样大发雷霆吗？我这样做一定会使学生和我一样难受。"在班会课上，这位班主任让每位学生以"一个学生犯了错误，老师狠狠地批评了他"这个事件用匿名的方式写一张纸条，发表一下自己的看法。有几张纸条的内容基本相同，大概的意思就是：学生犯了错误，老师应该给学生机会改正，不要动不动就发脾气。这些话使这位老师感到了强烈的震撼与自责。西方有一句格言说得好："孩子一时的过失，连上帝都会原谅的。"作为教师为什么不对学生多一些尊重和宽容，善待学生一时犯下的错误，并加以积极地引导呢？于是，在课下班主任主动找到了这位学生，诚恳地和学生进行了沟通，向学生承认了自己当时不应该采用这样不冷静的教育方法，不该当着许多老师的面批评学生。这名学生听了非常感动，表示今后自己也要多遵守纪律，和老师多交流。

从这一事件，教师应该可以深深地感受到对学生要严而有度，宽容学生的错误，以平和的心态来看学生，来帮助学生改正他们的错误，这对于一名学生的成长至关重要。而且，对学生的宽容在某种意义上也是一种爱。

心理学研究也表明，每个人在面对自己的缺点和所犯错误时，内心深处都会有一种愧疚感。此时的宽容无疑是寒冬里的一把火，给人以温暖，让人勇敢地面对错误和缺点。由于错误得到了谅解，人格得到了尊重，犯错者会对宽容他的人充满感激，并改掉自身的错误。

心理学揭示的规律告诉我们：教师对学生的教育是相互作用的过程。在这个互动过程中，教师的教育态度，一经转化为学生的情感体验，学生就会产生相应的态度来对待老师。一旦作为教育者的教师与受教育者的学生之间有情感的沟通（如教师对学生的期待、关爱、信任），教师就会取得学生的信任，学生接受教育的反感就会被克服，取而代之的是认为教师是值得信赖的人。这就为学生接受教育打下了基础，而宽容从某种角度上说则是教育者与受教育者之间的情感沟通的桥梁。

古代有位老禅师，一天晚上在禅院里散步，突然发现墙角边有一个高脚的凳子，他一看便知有小和尚违犯寺规越墙出去游乐了。老禅师也不声张，走到墙边，移开凳子，自己弯腰站在原来放凳子的地方，等候小和尚归来。没过多久，果真有一小和尚游罢归来，不知凳子已经移走，黑暗中翻墙踩着老禅师的脊背跳进了院子。当小和尚双脚着地时，才发觉刚才踏的不是凳子，而是自己的师父。小和尚顿时惊慌失措，张口结舌。但出乎小和尚意料的是，师父并没有厉声责备他，只是以平静的语调说："夜深天凉，快去多穿一件衣服。"禅院其他人没有人知道这件事，老禅师也从来没有提起。但自此以后，全寺一百多个僧人，再也没有人出去夜游了。

我们可以想象听到老禅师此话后，小和尚会是怎样的心情，在这种宽容的无声的教育中，小和尚一定是很愧疚，进而改正了自己的错误。

以最平和的心态、最宽容的心胸面对学生，以最善于发现的心去"成就"学生，教师收获的将是世界上最美最纯的笑脸：学生对老师的真心的微笑。

如果学生犯了错误，教师要给他一个改过的机会，用自己的期待和信任表示对学生人格的尊重。这种期待和信任会变成一股无形的力量，使学生不断努力，取得进步。老师要有宽容的胸怀对待学生的个性发展，充分认识学生某一时期的成长特征，认可他们这一时期的个性特征和行为特征，让学生保持该年龄段的天性。老师对学生的评价要有宽容的态度，不是处处以纪律和规章制度约束他们，而是用理解和宽容来认可学生的发展天性，然后再引导和培养他们的个性。

著名教育家苏霍姆林斯基说过："有时宽容引起的道德震动比惩罚更强烈。""要像对待荷叶上的露珠一样，小心翼翼地保护学生幼小的心灵。"教师不能忽视"宽容"这种教育策略。当学生犯错时，作为教师应该用宽容心包容他们的错误，耐心地帮助他们寻找"问题"的根源，以矫正学生的错误心理，使他们形成良好的品德；教师要帮助学生们成长，不是命令、强制他们成长。

良药不苦口，忠言不逆耳

——消除批评的负面效应

批评不仅是一个趣味的问题，而且是一个谁的趣味的问题。

俗语说："金无足赤，人无完人。"世界上没有绝对完美的东西，就是人们信仰的上帝也有缺陷。大家或许会怀疑，上帝是人们心中绝对的公平、博爱、智慧等一切优良品质的化身，他怎么会有缺陷？这里并不是否定上帝，上帝的缺陷就是他太完美了！绝对的完美其实也是一种缺陷。每个人都有自己的不足之处，人们发现自己的错误后，一般会对过失的性质、危害、根源等进行一些反思。但是，"当局者迷，旁观者清"，自己在庐山之上，很多时候都不能发现其"真面目"，"旁观者"的帮助很多时候是十分必要的。当我们发现别人的过失时，及时地予以指正和批评，也是很有必要的。有人说赞美如阳光，批评如雨露，二者缺一不可，这话是有道理的。我们在沟通中，不仅需要真诚的赞美，更需要中肯的批评，很多时候后者比前者还重要。

现实生活中很多时候我们会发现，批评往往会使人陷入出力不讨好的尴尬境地。大家都知道"良药苦口利于病，忠言逆耳利于行"的道理，但是为什么还会出现批评者好意相劝，却被视为别有用心的情况呢？之所以如此，恐怕主要是因为我们批评他人时缺乏技巧。医学发展至今，许多"良药"已经包上糖衣，或经过蜜炙，早已"不苦口"了，那么我们为什么不能研究一下批评他人的技巧，变成"忠言不逆耳"呢？

批评之所以会被人拒绝，大多出于两个原因：一是批评者不了解当事人的处境和造成他犯错误的原因，让当事者感到被冤枉而委屈；二是批评者采用了权威性方式，暗示当事人的行为"笨拙"或"愚昧"，从而引起当事者的反感。

就心理学而言，一个批评与被批评的过程是批评者与被批评者在思想、感情上的相互交流与认同的过程。人在批评过程中越是尊重、理解对方的处境，就越能获得对方对自己批评意见的重视与接受。

批评是教育中的重要手段。教师在教育工作中对学生进行批评，就是帮助学生能够发现自己的缺点或错误，帮助他们改进自己的言行，并在以后的学习生活中不断完善自己，走向成熟。批评学生同时又是一门艺术，教师要把握好时机，掌握好火候，才能取得理想的效果。

在大多数人看来，教师对学生的批评一定都是"苦"的，而且因为"苦"，挨批评的学生往往会产生抵触情绪，批评的效果也会大打折扣——这就是批评的"负面效应"。但是，教师如果能够充分发挥自己的教育机智，就能把批评变成阳光雨露。

有一次，几个属鼠的同学在考试中得了满分，十分高兴，有点骄傲了。他们的班主任发现了这个情况，就对他们说："怎么，得意了？你们知道得意意味着什么吗？在今天下午的班会上我们来谈谈。"那几个学生心想：这下坏了，班会上等待自己的准是老师的批评！可奇怪的是，在下午的班会上，班主任老师却妙趣横生地说："树林要是大了，里面就会什么鸟儿都有。自然，天下大了，就什么老鼠都会有。有这样一个故事：一只老鼠外出，恰好两个孩子在下兽棋，老鼠在一旁观看，发现了一个秘密，这就是，尽管兽棋中的老鼠可以被猫吃掉，被狼吃掉，被虎吃掉，却可以战胜大象，于是一个念头在脑海中出现了，我才是真正的百兽之王呢！有了这个想法，老鼠就得意起来了，从此不把猫放在眼里，看不起狗，甚至还拿狼开心。有一次，他居然大摇大摆地爬到老虎的背上，而老虎当时恰好在打瞌睡，没有发现，只是转了个身子，老鼠于是更加得意了。最后，他趁着黑夜钻进了大象的鼻子里，大象觉得鼻子痒痒，也就打了个喷嚏，老鼠立刻像出膛炮弹似的飞了出去，飞了好半天，最终掉在臭水坑里！好的，现在就请大家注意一下，'臭'字的写法，怎么写的？'自''大'再加一点就是'臭'。有趣的是，今年正好是鼠年，咱们班上不少同学就是属鼠的，那么，这些'老鼠'们会不会也掉到臭水坑里呢？我想不会，但必须有一个条件，这就是不能扬扬得意！"说到这儿，这位班主任看了看那几个同学，那几个同学当然明白，老师对自己的教育全包含在那个有趣的故事中了，于是很快地改正了自己的缺点。

批评他人通常是比较严肃的事情，所以批评他人一定要注意批评的目的是为了改进和完善一些东西或者关系，而不是让对方觉得你在吹毛求疵。批评一定要把握清楚对象，教师批评学生，对象应该是学生的错误的行动，而不是他本人。把你的批评指向他的行动，同时建立他的自尊心，让他知道你认为以他的程度绝不致犯下这样的错误，并且表达你希望他做得更好的愿望。学生接受了这样的批评之后就会"不辜负"你的期望，产生一种强有力的改正错误的动机。例如，针对一个迟到的学生，教师可以采取两种方法：一种是对学生说："我说过多少遍了不许迟到，你真是一块扶不上墙的烂泥啊！"另外一种："迟到是一种不好的习惯，我对你抱有很大的期望，不要让迟到拖累你啊！"这两种方法的效果很明显，第一种方法让学生心里感觉教师瞧不起自己，进而仇恨老师或者自暴自弃；第二种方法却会让学生感觉其实老师还是很看得起自己的，自己真不应该迟到，以后必须改正，不然就辜负了老师的期望。这两种方法孰优孰劣，一看即明。

教师的批评要把握住学生的心理，要让学生领悟到"此时无声胜有声"的含义。

有一位老师把批评当成了艺术。一次考试后，他发现班上的女生普遍考得比男生好，就在班会上给大家讲了个故事："昨天我做了个梦，梦见我妈妈问我，来生当男孩还是女孩，我就回了一句：当女孩！我妈妈就问我，为什么？我就说，男孩和女孩下棋时，要是女孩赢了，她就会立刻被大伙称为女才子，要是输了，别人也不会责怪她；可男孩就惨了，要是他赢了，肯定没人说他是男才子，可要是输了，人们又立刻说他是个大笨蛋。啊！亏不亏！"听到这个奇怪的梦，同学们全都笑出了声，老师不紧不慢地接着说："不过今天我不说梦，而是要表扬咱们班的女同学，为什么？因为她们考得好，超过了男同学！这说明，不仅下棋，考试也一样，女才子特别多！因此，我既要为我们班女生们的胜利而骄傲，也要为我们班男生们的谦虚而骄傲！"哄的一声，同学们又一次开心地笑了！女生们笑，是因为老师在夸她们；男生们笑，则是因为老师的妙语是对自己的一个极巧妙的批评，更是一种激励。

教师在批评学生时还要注意批评的前提是对学生的尊重。教师要站在学生的角度来思考学生犯错误的原因，批评时要考虑到保护学生的自尊心。

人际关系大师卡耐基的一个小故事或许更能道出其中的微妙之处，他在名著《人性的弱点》中写道：

多年前，我的侄女约瑟芬，离开她在堪萨斯城的家到纽约来担任我的秘书。她当时只有 19 岁，三年前由中学毕业，她的办事经验比年龄稍多一点，现在她已经成了一位完全合格的秘书。当我要让约瑟芬注意一个错误的时候，我常说："你做错了一件事，但天知道这事并不比我所犯的许多错误还坏。你不是生来具有判断能力的，那是由经验而为；你比我在你的岁数时好多了。我自己曾经犯过许多愚鲁不智的错误，我有绝少的意图来批评你和任何人。但是，如果你注意每天把我没有接到的电话记录下来拿给我看，你不是更聪明吗？"

聪明的卡耐基先生先是以暴露自己微不足道的缺点来开始对侄女的批评，然后夹杂一些赞扬，如果你在现场或许会发现这不是在进行批评，但是批评的目的其实已经达到了！

不一样的心理，不一样的学生

——将学生的心理素质培养进行到底

心理素质是学生从事学习活动的基本动力。良好的心态能调动人的积极性，促进心理健康，提高活动的效率；而消极的心理体验和状态却会束缚人们能力的发挥，造成效率低下。

心理素质是人的整体素质的组成部分。一个人的心理素质是在先天素质的基础上，经过后天的环境与教育的影响逐步形成的。心理素质包括人的认识能力、情绪和情感品质、意志品质、气质和性格等诸方面。在 21 世纪的今天，人的心理素质显得越来越重要。在学校和家庭教育中重视对学生的心理素质培养，已经成为社会和时代的要求。

桑兰，原国家女子体操队队员，曾在全国性运动会上获得跳马冠军。然而，到今天为止，坚强的桑兰已经笑着度过了 10 余年的轮椅时光。

这确实是个意外。1998 年 7 月 21 日晚，在纽约友好运动会上，当时，桑兰正在进行跳马比赛的赛前热身，在她起跳的那一瞬间，外队一教练"马"前探头干扰了她，导致她动作变形，从高空栽到地上，而且是头先着地。意外受伤之后，默默无闻的桑兰就成了全世界最受关注的人。

而她遭受了如此重大的变故后却表现出了难得的坚毅。她的主治医生说："桑兰表现得非常勇敢，她从未抱怨什么，对她我能找到表达的词就是'勇气'。"就算是知道自己再也站不起来之后，她也绝没后悔过练体操，她说："我对自己有信心，我永远不会放弃希望。"

桑兰用她的行动印证着自己的诺言，在命运面前向人们展示了她积极的、健康的心理素质：在北大学习、加盟星空卫视主持节目、担任申奥大使、参加雅典奥运北京接力……她充满力量的笑容总能给人希望！

世界卫生组织认为，人的健康"不仅要没有躯体残缺与疾病，还要有完整的心理、生理状态及社会适应能力"。现代社会，心理健康已经不再是一个陌生的名词。一个生活幸福的人必然心里充满"阳光"，要想心里充满"阳光"，就必须要有良好的心理素质。

约翰逊是一名运动员，他平时训练有素，实力雄厚，但在体育赛场上却连连失利。人们借此把那种平时表现良好，但由于缺乏应有的心理素质而导致竞技场上失败的现象称为"约翰逊效应"。

细细听来，"实力雄厚"与"赛场失误"之间的唯一解释只能是心理素质问题，主要原因是得失心过重和自信心不足造成的。

每年的高考、中考成绩揭晓，总是不乏这样的例子：有很多平时学习成绩不错的同学，在考试中过分紧张以致发挥失常，造成考试失败，很令人惋惜；也有些考生平时成绩徘徊在年级十几名甚至二十几名，却在考试时名列前茅，让人惊讶。这些情况的出现，与考生的临场心理状态也就是心理素质有很大关系，部分考生考前太紧张，又一直没有得到正确的疏导，以致将不良情绪带进了考场，所以发挥失常；而有些考生心态稳定，心理素质过硬，有很好的心理承受力，在考试时超常发挥，取得了好成绩。

时代在发展，形势在变化，少年儿童的身心发展不断呈现出新的特点，当代学生的心理障碍也日益增多。据资料统计，中小学生中存在心理异常的约占30%，患有心理疾病的约占15%。其中，独生子女家庭的孩子，由于"众星捧月"的环境造成了孩子"唯我独尊"、自私冷漠的心理，抗挫折、自理能力差，缺乏责任心和集体感；单亲家庭的孩子在心理上常表现为：孤僻、忧郁、脆弱、不合群，易产生失落感和自卑感；望子成龙家庭的孩子则心理负担重、易紧张、爱发脾气；文化素质低下家庭的孩子，由于棍棒的摧残、金钱的刺激及放任自流造成了孩子心灵的扭曲。再加上学校教育中的学业负担过重，这些日常生活中零碎的小事往往成为影响学生心理健康的根源所在。

心理学专家认为，每个人都会有这样那样的心理问题。但是，一般性的心理问题不会给人的健康带来明显的影响，能让人察觉到的影响人生理健康的心理问题通常是强烈的、快速的或持久的。

大家都知道心理素质的重要性，但是很多时候在教育教学中遇到问题时很少有人把原因归结为心理素质。即使是明白其重要性的教师对于学生的心理素质的培养也经常感到棘手，认为学生心理素质的培养非一日之功效。因此，很多教师往往在教育的实践中对学生心理素质的培养采取一种消极的态度。"播下一个动作，你将收获一种习惯；播下一种习惯，你将收获一种性格；播下一种性格，你将收获一种命运。"美国著名心理学家威廉·詹姆士的这句话也许能让人们终生受益。其实，学生心理素质培养问题的关键在于坚持，如果教师长期不懈地在学生应对挫折的心理、处理人际关系的心理、对待自己的心理等方面播撒阳光的"种子"，教育就能收获很多心里充满"阳光"的学生。

以下八道心理素质测试题，每题只能有一个选择，然后把括号内的分数累加起来，看看总分是多少，就能大致了解你的心理素质和应付能力。

1. 你骑车闯红灯，被警察叫住，后者知道你急着要赶路，却故意拖延时间，这时你_____

a. 急得满头大汗，不知怎么办才好；　b. 十分友好地、平静地向警察道歉；　c. 听之任之，不作任何解释。

2. 在朋友的婚礼上，你未料到会被邀请发言，在毫无准备的情况下，你会_____

a. 双手发抖，结结巴巴说不出话来；　b. 感到很荣幸，简短地讲几句；　c. 很平淡地谢绝了。

3. 你在餐馆刚用过餐，服务员来结账，你忽然发现身上带的钱不够，此刻，你会_____

a. 感到很窘迫，脸发红；　b. 自嘲一下，马上对服务员实话实说；c. 在身上东摸西摸，拖延时间。

4. 假如你乘坐公共汽车时忘了买票，被人查到，你的反应是_____

a. 尴尬，出冷汗；　b. 冷静，不慌不忙，接受处理；　c. 强作微笑。

5. 你独自一人被关在电梯内出不来，你会_____

a. 脸色发白，恐慌不安；　b. 想方设法自己出去；　c. 耐心地等待救援。

6. 有人像老朋友似的向你打招呼，但你一点也记不起他（她）是谁，此时你_____

a. 装作没听见似的不答理；　　b. 直率地承认自己记不起来了；　　c. 朝他（她）瞪瞪眼，一言不发。

7. 你从超市里走出来，忽然意识到你拿着忘记付款的商品，此时一个很像保安人员的人朝你走过来，你会_____

a. 心怦怦跳，惊慌失措；　　b. 诚实、友好地主动向他解释；　　c. 迅速回转身去补付款。

8. 假设你从国外回来，行李中携带了超过规定的烟酒数量，海关官员要求你打开提箱检查，这时你会_____

a. 感到害怕，两手发抖；　　b. 泰然自若，听凭检查；　　c. 与海关官员争辩，拒绝检查。

心理素质测试题答案：选 a 得 0 分，选 b 得 5 分，选 c 得 2 分

1. (0~25 分) 你承受压力的心理素质比较差，很容易失去心理平衡，变得窘迫不安，甚至惊慌失措。

2. (25~32 分) 你的心理素质比较强，性情还算比较稳定，遇事一般不会十分惊慌，但有时往往采取消极应付的态度。

3. (32~40 分) 你的心理素质很好，几乎没有令你感到尴尬的事，尽管偶尔会失去控制，但总的来说，你的应变能力很强，是一个能经常保持镇静、从容不迫的人。

第三篇：
用教育心理学去激励学生

　　教师对学生的激励是学生成功的必要条件。在教育教学中，强化手段一般有两种：一种是消极强化手段——惩罚；另一种是积极强化手段——激励。实践证明，学生对惩罚往往容易产生抵触情绪，而对激励却欣然接受。因此，教师在教育教学中应贯彻以激励为主的原则。

　　教师在教学中要运用教育心理学的知识来激励学生。因为符合学生心理成长规律的激励可以激发学生的学习兴趣，使学生养成自尊、自信的良好品德。教师通过运用教育心理学的知识，热情真诚地对学生进行激励，使学生看到自己的成绩，从而有信心"更上一层楼"。

"我"不是王牌

——在细节处激励学生

> 不要把许多杂乱的词句塞在脑子里，而是要激励启发学生了解事物的能力，使得从这种能力之中流泻出来——像从活的泉眼流出一条溪涧（知识）来。

教师是太阳底下最光荣的职业，但是教师也是普通人，不可能完全按照理想的模式来处理事情，他们也有着自己的烦恼和困惑。教师都希望自己的学生不断地获得成长，却往往忽视了学生的成长与自己平时教育教学中的一个个小细节紧密联系在一起，而这个细节就是教师在日常教学中对学生的表扬和激励。

一个已经上了大学的学生在日记中记述了自己在高中学习期间的一件事情：

我在读初中的时候，离我家不远的地方有所重点高中，每天上学、放学都能碰到那所高中的很多学生。有一天，几个学生从我旁边走过，我不经意地听到其中一个女生说："唉，这次化学考试又只考了50分。要是能考及格就好了。"那时我刚好读初三，化学常常考90多分，当时我就想：她化学怎么才考了50分啊，还是重点高中的学生呢，恐怕以后考不上大学吧，等我读高中，化学一定比她好。

后来我也考上了这所离家很近的重点高中。开学不久，我就很受打击，原因是不会做题，尤其是化学。高中化学从学习物质的量的单位摩尔开始。化学老师讲了简单的摩尔概念后就开始出题，让大家思考。过了七八分钟后老师问："同学们，你们做出来了没有？"同学们没有回答，然后老师说："这道题有点难度，那么我要叫我的'王牌'起来回答，我知道他会做出来的。下面我叫×××起来回答。"在班上有几个很聪明的男生是化学老师的"王牌"。每次化学老师点名，这些"王牌"总能解答出来。到后来，我渐渐产生一种懈怠感。反正老师出的题都那么难，反正在老师规定的时间内自己都做不出来，反正班上那些"王牌"比自己聪明，看来自己是学不好化学了。每学期期末拿给家长看的成绩单上化学分数总是 60 多分，其实真正的考试成绩是不及格的。班上以及其他班里，和我情况相同的还有一些，想来老师是看我们努力了也学不好，才会帮我们算上平时成绩，在成绩单上填上及格的分数。

由化学到数学到物理，高中时我的理科成绩一团糟。直到后来我根本不想看化学书，每天都沉浸在小说中，到最后自然没有考上理想的大学。

回想高中上化学课的情景，我就觉得：脑海里只是一片空白，只浮现化学老师每节课上说"那么我要叫我的'王牌'起来回答"这句话时得意的神情。唉，曾经我的化学那样差过，我不是"王牌"。

这个学生一直没有学好化学的原因，难道真的是他不具备学好化学的天赋吗？还是他一开始接触高中化学就没有获得化学老师的激励帮助，从而丧失了学好化学的最基本的信心呢？我们不能确定这个学生是否真的不具备学好化学的天赋，但是那位化学老师把一个班的学生划分为"自己的几个王牌"和班里其他"非王牌"的做法却实在有很多值得商榷的地方。这位化学老师不会不知道，这些不是"王牌"的学生在学习的过程中会遇到这样或那样的麻烦，可是这位化学老师是怎么做的呢？发现学生学习中的问题不但不给予适当的激励和帮助，反而把他们划分等级，这样即使学生有学习潜力和动机也被摧毁了。某种程度上，我们可以说正是这位化学教师放弃了对上面故事里"非王牌"学生的激励帮助，而使他们永远地背上了"自己学不好化学"的心理包袱。他们以后的化学课就变成了背着这个"包袱"，看这位化学老师和他的几位"王牌"的表演。

美国哈佛大学的心理学家威廉·詹姆斯在对激励效果的研究中发现，按时取酬，只能发挥一个人能力的 20% ~ 30%，而受到充分激励的人，其能力可以发挥到 80% ~ 90%，即同一个人，在通过充分激励后所发挥的作用，相当于激励前的 3 ~ 4 倍。教师对学生的激励，对于激发学生的学习动机，有时会起到决定性作用。这里的激励包括：教师对学生抱有的期望、及时给予学生肯定的评价、对于差生的持续帮助、经常与学生进行对话和交流等。教师的激励，对于学生在学习上的作用是毋庸置疑的。教师外在的激励，往往会对学生这个内在原因起到积极的催化作用，使学生的学习能力以波动的、快速前进的方式发展。

激励的效用使我们联想到另外一个故事：

理发师带了一个徒弟。徒弟学艺几个月后正式上岗了。他给第一位顾客理完发，顾客照照镜子说："头发留得太长。"徒弟不语。师傅在一旁笑着解释："头发长，使您显得含蓄，这叫深藏不露，很符合您的身份。"顾客听罢，高兴而去。

徒弟给第二位顾客理完发，顾客照照镜子说："头发剪得太短。"徒弟无言。师傅在一旁笑着解释："头发短，使您显得利索、朴实、厚道，让人感到亲切。"顾客听了，满意而去。

徒弟给第三位顾客理完发，顾客一边交钱一边笑着说："花的时间挺长的。"徒弟不知道怎么接话，站在一旁绞着衣角。师傅笑道："为'首脑'多花点时间很有必要，您没听说'进门苍头秀士，出门白面书生'吗？"顾客听罢，大笑而去。

徒弟给第四位顾客理完发，顾客一边付钱一边笑着说："动作挺利索，15分钟就解决问题。"徒弟沉默不语。师傅笑着说："如今，时间就是金钱，顶上工夫速战速决，为您赢得了宝贵的时间和金钱，您何乐而不为。"顾客听了，满意告辞。

晚上打烊，徒弟愣愣地问师傅："师傅您为什么处处替我说话？反过来，我没有一次做对了。"师傅宽厚地笑道："这是因为每一件事本身都包含了两重性，有对有错，有利有弊。我之所以在顾客面前都找话给你打圆场，想法有二：对顾客来说，是人家喜欢，因为谁都爱听吉利话；对你而言，既是激励又是鞭策，因为万事开头难，我希望你以后把活儿做得更漂亮。徒弟很受感动，从此，他越发刻苦学艺，终于成为一名手艺精湛的理发师。

以上两个故事中的两个学生在学习过程中都出现了问题，但是取得的成果为什么会有如此大的差别呢？其原因就是两位老师采用了不同的处理方法：前面的这位化学老师，对学生出现的问题不是激励，而是把学生进行等级划分，无形中打击了学生的学习积极性，使得课堂变成了"王牌"的表演课；后面的这位理发师对徒弟积极地进行鼓励，使得徒弟在心理上受到鼓舞，学艺更加刻苦。

人，在激励中扬起生活的风帆，在激励中享受成功的喜悦，在激励中创造奇迹。激励学生是一种艺术，更是一门值得探索尝试的学问。学生成功离不开自我能够获得成功的积极心态，这种"心态"心理学上叫"自我效能感"，而这种"积极心态"则是一种充满自信的"自我效能感"。然而这种"积极心态"的形成往往来源于外在的细微处的激励。教师是学生接触最多的人，千万不要吝惜自己对学生的激励！

信任创造奇迹

——用信任打开学生潜力的闸门

　　信任是一种有生命的感觉，信任也是一种高尚的情感，信任更是一种连接人与人之间的纽带。你有义务去信任另一个人，除非你能证实那个人不值得你信任；你也有权利受到另一个人的信任，除非你已被证实不值得那个人信任。

教师应该对自己的教育对象充满信任。因为只有发自内心的真挚的信任，才能给他们以鼓舞，才能使他们感到无比的温暖，才能点燃他们追求梦想、渴望上进的希望之火。

　　信任是一种有效的教育手段。当学生感受到老师对自己的信任时，他们就会"亲其师而信其道"。我们知道，老师一句话或许就可以改变一个学生的命运。信任的话语就像春雨般润泽，像春风般温暖，它有力量使沉寂的生命复苏，使干枯的心再度焕发生机。

　　美国一个学校的一个班级，全班二十六个人都有着不光彩的过去，有人吸毒，有人进过少年管教所，有一个女孩子甚至在一年之内堕过三次胎。家长拿他们没办法，学校和老师也几乎放弃了他们。就在这个时候，一个叫菲拉的女教师接管了这个班。新学年开始的第一天，菲拉没有像以前的老师那样整顿纪律，先给孩子们一个下马威，而是出了一道选择题：

这里有三个候选人，他们分别是：

A. 笃信巫医，有两个情妇，有多年的吸烟史，而且嗜酒如命的人；

B. 曾经两次被赶出办公室，每天要到中午才起床，每晚都要喝大约一公升的白兰地，而且曾经有过吸食鸦片的记录的人；

C. 曾是国家的战斗英雄，一直保持素食的习惯，不吸烟，偶尔喝点酒，也大都只是喝一点啤酒，年轻时从未做过违法的事的人。

菲拉要求大家从中选出一位在后来能够造福人类的人。毋庸置疑，孩子们都选择了 C。然而菲拉的答案却令人大吃一惊："孩子们，我知道你们一定都认为只有最后一个才是最能造福人类的人，然而你们错了。这三个人大家都很熟悉，他们是'二战'时期的著名人物：A 是富兰克林·罗斯福，身残志坚连任四届美国总统；B 是温斯顿·丘吉尔，英国历史上最著名的首相；C 的名字大家也很熟悉，阿道夫·希特勒，一个夺去了几千万无辜生命的法西斯恶魔。"孩子们都呆呆地瞅着菲拉，他们简直不敢相信自己的耳朵。

"孩子们，"菲拉接着说，"你们的人生才刚刚开始，过去的荣誉和耻辱都只能代表过去，真正能代表一个人一生的是他的现在和将来的所作所为。从过去的阴影中走出来吧，从现在开始，努力做自己一生中最想做的事情，你们都将成为了不起的人……"正是菲拉的这番话，改变了 26 个孩子一生的命运。这些孩子长大成人后，有的做了心理医生，有的做了法官，有的做了飞机驾驶员，许多人都在自己的岗位上取得了骄人的成绩。值得一提的是当年那个个子最矮的也最爱捣乱的学生罗伯特·哈里森，成为华尔街最年轻的基金经理人。

美国著名的心理学家埃里克森认为，信任是社会人格得以健康发展的前提。我们从心理学的角度来看信任，它具有以下的内涵：第一，信任是一种关系，这种关系发生在人与人、人与系统之间；第二，信任对于人来说很多时候具有无条件性，人要在世界上生存下去，就不得不信任周围的一些人和事物，这是人维持本体生存的一种必然的需要；第三，信任是人在面对不确定性和复杂性的时候选择的一种有价值的冒险，人面对自己不确定或复杂的事物和人时，会对各种可能性进行分析和风险评估，然后做出自己的"风险投资"，这种投资也许会让人收获满意的结果，达到主观期望，而一旦失败，主体的人也必须承担相应的责任。

在我们的教育实践中，信任也是教育诸种关系中最基本的关系，这种关系存在于教育的一切互动之中。在现实的教学环境里面，每一个学生都是拥有自己独特人格和经历的个体，而我们教师对具体学生的了解往往不可能是十分全面的，但是有些时候我们又不得不对他们的所作所为作出反应。这个时候我们面临的情况往往是用自己对学生和事件的并不充分的了解来解决问题。在处理这些时，我们不是劝说我们的教师盲目自信，但是我们的很多教师这个时候却是对学生采取不信任的态度，往往使矛盾激化。其实，如果我们采取一种冷静的理智的态度，给学生基本的信任，学生会因此获得最基本的安全感，那么很多矛盾在此基础上也会迎刃而解。

信任在教育中往往会产生令人意想不到的结果，这里有其深刻的理论根据。因为学生是一个在心理和生理上都不成熟的个体，这种不成熟意味着学生比成人具备更多和更为广泛的发展的可能性。我们很难在学校里就预测一个孩子的将来，因为每一个孩子的潜力都有其复杂性的一面。教师对于学生的未来一定要采取信任的态度，因为这个时候信任的力量往往能使孩子的潜力得到最大限度的发挥，这也就是在教育上信任往往能创造奇迹的原因所在。

学生的人生观、价值观还不成熟，难免会出现这样、那样的问题。因此，我们的老师要记住一点，我们学生的人生才刚刚开始，他们要走的路还很长，他们在学校的发展并不能决定他们以后的发展。我们的一言一行直接关系到他们的发展，要相信每一个学生，相信每个学生的潜力是无穷的，相信每一个学生都能创造奇迹。这也是教育工作中的一个准则。老师要对学生讲："人的潜力是无穷的"，"每一个都是好样的"，"做不一定成功，但不做肯定不成功"，"花有存在的道理，小草也有存在的道理"等。只要老师充分信任学生，多为他们提供展示自己的平台，并给予他们鼓励和赏识，他们就会在心灵舒展中成长，并创造出一个个奇迹。

该出手时就出手

——赞赏最有效

赞赏是阳光，把爱的种子撒播进学生的心田；赞赏是春雨，随风潜入夜，润物细无声，沐浴万物拔节、生长；赞赏是五彩的虹，赞赏是清风，是明月，是诗，是音乐……

赞美他人，是我们在日常沟通中常常碰到的情况。要建立良好的人际关系，恰当地赞美别人是必不可少的。每个人都希望自己的行为受到别人的赞赏。我们花了很大的精力，希望从他人那里得到赏识，但是，现实生活中人们往往会认为周围没有人理解自己，而我们自己也很少评论那些发生在我们周围的令我们所喜欢和赞赏的言行。这其实是现代社会的畸形，赞赏是非常容易的，一个微笑一句热情的话，而我们在赞美别人后得到的回报也是无穷的。

年轻的妈妈第一次参加孩子的家长会，幼儿园的老师无奈地说："你的儿子有多动症，在板凳上连三分钟都坐不了，你最好带他去医院看一看。"回家的路上，儿子问："妈妈，老师说了些什么？"妈妈鼻子一酸，眼泪差点流下来。然而，她还是告诉儿子："老师表扬你了，说你原来在板凳上坐不了一分钟，现在能坐三分钟。其他妈妈都非常羡慕我，因为全班只有我儿子进步了！"那天晚上，她儿子破天荒地吃了两碗米饭，并且没让她喂。

不久儿子上了小学。家长会上，老师用生硬的口气说："这次数学考试，全班45名同学，你儿子排第43名，我们怀疑他智力上有些障碍，你最好能带他去医院查一查。"回去的路上，她再次忍住泪水。妈妈带着儿子回到家里，儿子问他同样的问题，他从妈妈那里得到的回答是："孩子，老师对你充满信心！他说了，你并不是个笨孩子，只要能细心些，就会进入全班前十五名。"

儿子听到妈妈的话，暗淡的眼神一下子充满了光，沮丧的脸也一下子舒展开来。之后儿子的做法更让她感觉孩子好像长大了很多，第二天上学，去得比平时都要早。

几年后，儿子升入了初中，又一次家长会，她坐在儿子的座位上，等着老师点她儿子的名字，因为每次家长会，她儿子的名字都在差生的行列中，总是被点到。然而，这次却出乎她的预料——直到结束，都没有听到。她有些不习惯，临别去问老师，老师告诉她："按你儿子现在的成绩，考重点高中有点危险。"

她怀着惊喜走出校门，发现儿子在等她。路上，她扶着儿子的肩膀，心里有一种说不出的甜蜜，她告诉儿子："班主任对你非常满意，他说了，只要你努力，很有希望考上重点高中。"

高中毕业了。第一批大学录取通知书下达时，学校打电话让她儿子到学校去一趟。

她有一种预感，儿子被清华录取了，因为在报考时，她对儿子说过，她相信他能考取这所大学。她儿子从学校回来，把一封印有清华大学招生办公室的特快专递交到她的手里，突然转身跑到自己的房间里大哭起来，边哭边说："妈妈，我知道我不是个聪明的孩子，可是，因为你的赞赏，我才走到今天……"

这时，她悲喜交加，再也按捺不住十几年来凝聚在心头的泪水，任它打在手中的信封上……

赞扬能够鼓励他人前进。心理学家马斯洛认为：自我实现是人的最高层次的需要。一个人具有某些长处或取得了某些成就，仅仅依靠自己的肯定是不够的，他还需要得到社会和他人的承认。赞美，就是承认他人的长处和成就的方式。当一个人的行为受到称赞，他就会受到鼓舞，发挥更大的积极性，继续努力前进。上面故事里的孩子就是在母亲的赞赏中完成了破茧成蝶的"质变"！

作为一名教师，合理而充分地运用赞赏的艺术，能让师生心灵联结得更紧密，从而使教育更加扎实而富有成效。

两名篮球教练分别训练各自的队员，要求是队员每次投篮时，要投 10 个球，但是他们的队员一般都是只能投进 7 个球。教练甲对自己的队员说："很好！投进了 7 个球。"他的队员听了教练的赞扬很受鼓舞，心里想，下次再加把劲，一定要投进 10 个球。教练乙则对他的队员说："怎么搞的！还有 3 个球没投进。"队员听了教练的指责，心里很不服气，心想你怎么就看不见我已经投进了 7 个球呢？结果，教练甲训练的队员成绩不断上升，教练乙训练的队员却打得一次不如一次。

心理学研究告诉我们，赞赏和批评的效果有很大的差异。其实，希望得到他人的肯定、赞赏，是每一个学生的正常心理需要；而面对指责时，不自觉地为自己辩护，也是正常的心理防卫机制。

戴尔·卡耐基的《人性的弱点》中有这样一段话——

美国钢铁大王安祖·卡耐基选拔的第一任总裁查尔斯·史考伯说："再也没有比上司的批评更能抹杀一个人的雄心。……我赞成鼓励别人工作。因此我急于称赞，而讨厌挑错。如果我喜欢什么的话，就是我诚于嘉许，宽于称道。"

教育心理学研究证明，积极赞赏和消极批评之间具有不对称性。受过处罚的学生不会简单地减少犯错误的概率，不过是学会了如何逃避处罚而已。常常有这样的议论："做的事越多错误越多。"潜台词就是：为了避免错误，最好的办法是避免去做事情。这就是批评、处罚等"消极批评"造成的后果。而"积极赞赏"则是一项开发宝藏的工作。受到积极赞赏的行为会逐渐占去主体越来越多的时间和精力，这会导致一种自然的演变过程，学生身上的一个闪光点会放大成为耀眼的光辉，同时还会"挤掉"不良行为。

所以，教师要善于运用赞赏的技巧，把自己的注意力集中到像上例所说的已经投进的 7 个球上，而不是还没有投进的那 3 个球上。这里有两条实用的赞扬技巧：

第一，给予学生具体的赞赏，从细微处发现学生的优点。比如，赞美一位老板很会做生意，听惯了奉承的他不会对此有任何积极的影响，甚至他很可能认为你是在"拍马屁"，想获得他的资助，因为他的日常生活并不缺少这些！但是，如果你称赞他做菜的手艺或者布置办公室的巧妙设想，他就会对你另眼相待啦！

第二，赞赏要让学生感觉到是发自老师内心的真实感想。如果我们教师毫无根据地赞扬一名五音不全的同学歌唱得好，那么这个学生不仅感到尴尬，还会莫名其妙，进而认为老师其实是在挖苦自己，对你怀恨在心！

总之，赞赏是人的一种基本的心理需要。只要换一个角度，相信每一个学生都有自己的长处和优点，"诚于嘉许，宽于称道"，教育就会收到神奇的效果。

间接的激励

——对学生进行积极的心理暗示

一幅画、一名格言、一首小诗、一个小故事等，都能对人产生积极的心理暗示。这种积极的心理暗示永远是取之不尽、用之不竭的心理力量的源泉，对人的成长会产生持久的影响。

对学生进行教育的方式多种多样，关键的一点是要达到教育的实效性。我们都知道，一个健全的人不仅要有健康的体魄，还要有健康的心态。教师要学会使用一些心理暗示方法来帮助学生调整心态，转化不利心理因素，变被动为主动，增强自信心和对环境的适应能力。

多年前的一个傍晚，一个叫亨利的青年移民，站在河边发呆。这一天是他30岁生日，可他不知道自己是否还有活下去的勇气。因为亨利从小在福利院长大，身材矮小，长相也不漂亮，讲话又带着浓重的乡土口音，所以一直自卑，连最普通的工作都不敢去应聘，没有工作也没有家。就在亨利徘徊于生死之间的时候，他的好友约翰兴冲冲地跑过来对他说："亨利，告诉你一个好消息！我刚从收音机里听到一则消息，拿破仑曾经丢失了一个孙子。播音员描述的特征，与你毫不相差！""真的吗？我竟然是拿破仑的孙子！"亨利一下子精神大振，联想到爷爷曾经以矮小的身材指挥着千军万马，用带着泥土芳香的法语发出威严的命令，他顿感自己矮小的身材同样充满力量，讲话时的法国口音也带着几分高贵和威严。就这样，凭着他是拿破仑的孙子这个"美丽的谎言"，30年后，他竟然成了一家大公司的总裁。后来，他请人查证了自己并非拿破仑的孙子，但这已经不重要了。

这个故事告诉我们一个道理：含而不露的暗示具有无穷的教育力量。它是一种含蓄的期待，是一种信念的点燃，是一种"自我诱导"。对于心理暗示，《心理学大词典》上是这样描述的：用含蓄、间接的方式，对别人的心理和行为产生影响。暗示作用往往会使别人不自觉地按照一定的方式行动，或者不加批判地接受一定的意见或信念。心理学家巴甫洛夫认为：暗示是人类最简单、最典型的条件反射。从心理机制上讲，它是一种被主观意愿肯定的假设，不一定有根据，但由于主观上已肯定了它的存在，行动上便竭力要把它变成现实。

心理暗示的作用有积极和消极之分。积极的心理暗示能够激发人的潜能，对个体具有正面的影响。消极的心理暗示会给人带来不良的影响，有时甚至能夺去人的健康和生命。

于丹的《论语心得》一书中关于英国著名网球明星吉姆·吉尔伯特的故事就验证了这一点。在吉姆·吉尔伯特小的时候发生过一次意外：一天，她陪着妈妈去看牙医，这本来是一件很小的事情，她以为一会儿就可以跟妈妈回家了。但是我们知道，牙病是会引发心脏病的。可能她的妈妈之前没有检查出来存在这种隐忧，结果让小女孩看到的是惊人的一幕：她的妈妈竟然死在了牙医的手术椅上！这个阴影在她的心中一直存在着。也许她没有想到要看心理医生，也许她从没有想过应该根治这个伤痛，她能做的就是回避、回避、永远回避，在牙痛的时候从来不敢去看牙医。后来，她成了著名的球星，过上了富足的生活。有一天她被牙病折磨得实在忍受不了，家人都劝她，请牙医到家里来吧，咱们不去诊所，这里有你的私人律师、私人医生，还有所有亲人陪着你，你还有什么可怕的呢？于是请来了牙医。意外的事情发生了：正当牙医在一旁整理手术器械、准备手术的时候，一回头，吉姆·吉尔伯特已经死去。于丹对这个小故事作了如此的阐发："这就是心理暗示的力量。一个遗憾能被放大到多大呢？它可以成为你生命中一个阴影，影响到你的生命质量。"

心理学研究表明，每个人都具有受暗示性，而且儿童比成人更容易接受暗示。真正的教育，不是把现有的知识或是社会现存的道德规范和行为准则灌输给学生，使学生成为一个个"知识和美德的集合体"，而是启发和唤醒学生的学习自觉性和道德良心，使学生树立学习目标、道德理想，领悟人生真义。而"启发"和"唤醒"的方法就是暗示和期待。教师用含蓄、抽象、诱导的间接方法对学生的心理和行为产生影响，能够有效诱导学生按照一定的方式去行动或接受一定的意见，使其思想、行为与教师期望的目标相符合，这正是"亨利效应"的神奇之处。

下面是一位初中校长讲述的一段往事：

刘鹏远和张仁敬是两个初二年级的学生，他俩在小学时被迫参加了一个类似帮会性质的不健康组织，进入初中后，也有许多的毛病和缺点，特别是爱欺负同学，无心学习。作为校长，我有意识地经常到他们两个所在的班级转转，多接触他们。慢慢地，我发现他俩也知道自己的很多行为是错误的，并且还背上了怕人瞧不起的思想包袱。两个学生的内心其实很自卑。他们总是躲开大家，看见我就低下头悄悄隐进人群中，尽量不与我碰面，以为我讨厌他们。这个情况，我装作没在意，仍常到他们班上去，而且一旦发现他们身上的优点，还经常在班上表扬他们这些点滴的进步。这样，两个"问题学生"就经常受到我和同学们一道给予他们的鼓励和掌声。我会装作不经意地与他们碰面，微笑着与他们打招呼，甚至友好地拍拍他们的肩，询问他们最近学习有什么困难，在集体中愉快吗，有没有高兴的事说给我听听等。我的这些做法使他们获得了一个强烈的心理暗示：校长不歧视他们，校长为他们的进步高兴，校长甚至有些喜欢他们。

不久，两个人开始变了，变得开朗活泼，恢复了少年本性，他们积极地参加班上的集体活动，甚至还会悄悄来告诉我哪些同学犯了什么错，让我去教育。两个人开始改穿整齐大方的衣裳，平时走路也昂着头精神饱满的样子，平时在校园里遇到我也会故意走过来，希望我看见他们，开始主动和我打招呼。两人开始对学习产生了兴趣，并且一段时间下来都取得了进步，张仁敬已经在短期内前进到了班上第10名。我把刘鹏远推荐到校田径运动队里，让他发挥长跑的特长，他训练也更刻苦，在学期末还报名参加了年级学生会的干部竞选。

积极暗示对于被暗示者的作用，就像是"画龙点睛"。上面的校长正是运用心理暗示的力量完成了对两个"问题学生"的转化。心理暗示在教学过程中是很重要的。如果把教师传授的知识作为一个杠杆，那么心理和情感因素就是支撑这个杠杆的支点。信心与意志是一种心理状态，是一种可以用心理暗示诱导和修炼出来的积极的心理状态！成功始于觉醒，心态决定命运！可见，心理暗示会对一个人产生巨大的影响和意想不到的结果，对于心理尚不成熟的学生尤其如此。

期待的力量

——老师的期待如春风化雨

当期待的事情发生的时候，很奇怪，它往往就发生了。

期待在本质上是人的情感和观念，会不同程度地受到别人影响。人们会不自觉地接受自己喜欢、钦佩、信任和崇拜的人的影响和期待。而这种期待，正是让你梦想成真的基石之一……

塞浦路斯的国王皮格马利翁是一位有名的雕塑家。他精心地用象牙雕刻了一位美丽可爱的少女。他深深爱上了这个"少女"，并给它取名叫盖拉蒂。他还给盖拉蒂穿上美丽的长袍，并且拥抱它、亲吻它，他真诚地期望自己的爱能被"少女"接受。但它依然是一尊雕像。皮格马利翁感到很绝望，他不愿意再受这种单相思的煎熬。于是，他就带着丰盛的祭品来到阿弗洛蒂代的神殿向女神求助，他祈求女神能赐给他一位如盖拉蒂一样优雅、美丽的妻子。他的真诚期望感动了阿弗洛蒂代，女神决定帮他。

皮格马利翁回到家后，径直走到雕像旁，凝视着它。这时，雕像发生了变化，它的脸颊慢慢地呈现出血色，它的眼睛开始释放光芒，它的嘴唇缓缓张开，露出了甜蜜的微笑。盖拉蒂向皮格马利翁走来，她用充满爱意的眼光看着他，浑身散发出温柔的气息。不久，盖拉蒂开始说话了。

皮格马利翁惊呆了，一句话也说不出来。

上帝！皮格马利翁的雕像成了他的妻子。

人们从皮格马利翁的故事中总结出了"皮格马利翁效应"：期望和赞美能

产生奇迹。但是对这一效应做出经典证明并将它广泛运用于实践的是美国心理学家罗森塔尔和他的助手们。

美国心理学家罗森塔尔等人于1968年做过一个著名实验。他们到一所小学，在一至六年级各选三个班的儿童进行了"预测未来发展的测验"，然后实验者将认为有"优异发展可能"的学生名单通知教师。其实，这个名单并不是根据智力测验结果确定的，而是随机抽取的。它是以"权威性的谎言"暗示教师，从而调动了教师对名单上的学生的某种期待心理。18个月后，再次智能测验的结果发现，名单上的学生的成绩普遍提高，教师也给了他们良好的品行评价。

为什么会出现这种情况呢？由于罗森塔尔是著名心理学家，教师对他们提供的名单深信不疑，真的以为这些学生是特殊学生，于是在教育教学过程中就会产生一种积极的情感，不知不觉给予这些学生特别的关注，由此对这些学生产生了激励作用。尽管名单对学生是保密的，但教师们掩饰不住的期待还是通过语言、笑貌、眼神等暗示出来。老师的这种暗含期待的情感触动着学生的心灵，对他们产生了巨大的感召力和推动力，引导学生对老师的期待作出了积极的反应。在这种深情厚爱的滋润下，学生自然会产生一种自尊、自爱、自信、自强的心理，在这种心理的推动下，他们克服困难、积极向上，在学业、智力、品德和个性等方面都产生了很大的进步。

这个实验取得了奇迹般的效果，人们把这种通过教师对学生心理的潜移默化的影响，从而使学生取得教师所期望的进步的现象，称为"罗森塔尔效应"。

罗森塔尔认为，产生这种效应有四个社会教育心理机制：①气氛，即对他人高度的期望而产生了一种温暖的、关心的、情感上的支持所造成的良好气氛；②反馈，即教师对他所寄予期望的学生，给予更多的鼓励和赞扬；③输入，即教师向学生表明对他们抱有高度的期望，教师指导他们学习，对学生提出的问题给予有启发性的回答，并提供极有帮助的知识材料；④鼓励，即罗森塔尔所指出的，对学生的输出，对他们作出的反应，给予真挚的鼓励。

在许多主客观因素的影响下，教师对学生会产生不同的期待。一般地说，一些品行好，或成绩好，或讨人喜欢，或亲近老师的学生，老师往往对他们抱有积极的殷切的期待。而对一些品行不好，或成绩不佳，或不大讲礼貌，或因某种原因给老师留下不良印象的学生，教师对他们往往不抱希望，甚至厌弃他们，对他们产生消极的不良的期待。教师对学生有了不同的期待，就会有意无意地以不同的态度、不同的方式对待学生，导致在学生那里产生不同的教育效果。

美国心理学家威廉·詹姆斯发现："人类本性中最深刻渴求的就是赞美。"其实每个人的内心世界都一样，没有一个学生不想得到老师的赞美和期待。

心理学研究以及教育实践都表明：如果教师喜爱某些学生，就会对他们抱有较高期望。经过一段时间，学生感受到教师的关怀、爱护和鼓励，就会常常以积极态度对待老师、对待学习以及对待自己的行为。学生将会更加自尊、自信、自爱、自强，诱发出一种积极向上的激情，这些学生常常会取得老师所期望的进步。相反，那些受到老师忽视、歧视的学生，久而久之，会从教师的言谈、举止、表情中感受到教师的"偏心"，也会以消极的态度对待老师、对待自己的学习，不理会或拒绝听从老师的要求。这些学生常常会一天天变坏，最后沦为社会的不良分子。尽管有些例外，但大趋势却是如此。

教师对学生深切的期待能对学生产生积极的心理效应，这是学生上进的动力。

学生最信赖老师的判断力，对自己学习情况、能力水平的认识往往依赖于教师的看法，这使得教师的期待对学生更为重要。它是对学生心灵上的支持，学生从中看到希望，获得自信、勇气和力量。例如，体育教学活动多变，动作复杂，难度较大。学生在学习动作时经常遇到各种各样的困难，这时学生心中往往产生消极情绪、退缩心理，对原本有能力完成的动作丧失信心，自认为做不下来而不愿继续努力。此时，教师若能用期待的目光来鼓励学生："一定能成功！你有能力完成这个动作！来，再来一次！"学生会被这种深切真挚的期待所感染，认为自己真的能行，从而产生一种无形的力量，消除退缩心理，重新充满希望，鼓足勇气，克服困难，最终完成动作。如果教师首先失去信心，流露出无望、厌烦的情绪，学生就会丧失信心。老师在任何时候，对任何学生都要饱含期待之情，学生不能没有教师的支持、鼓励和期望，他们常常按照老师设定的模式来认识自己、要求自己。

因此，老师应对学生充满期待，并通过各种方式，有意无意地流露出来，善于发现和挖掘学生身上的闪光点，帮助他们发扬优点和长处，改正缺点和错误。让学生明白老师对他们充满了期待，他们就会努力实现这种期待！

"药" 到病除

——给学生服用心理 "安慰剂"

只要抱着希望，死去的意志会在内心复活。

安慰剂，是由既无药效、又无毒副作用的中性物质构成的、形似药的制剂。安慰剂多由葡萄糖、淀粉等无药理作用的惰性物质构成。安慰剂对那些渴求治疗、对医务人员充分信任的病人能产生良好的积极效应，出现希望达到的药效，这种反应就称为"安慰剂效应"。使用安慰剂时容易出现相应的心理和生理反应的人，称为"安慰剂反应者"。这种人的特点是：好与人交往、有依赖性、易受暗示、自信心不足，经常注意自身的各种生理变化和不适感，有疑病倾向和神经质。

美国牙医约翰·杜斯在其多年行医生涯中，经常遇到这种情况：一些牙痛病人在来到杜斯的诊所后便说："来到这里我的身体马上就感觉好啦。"他们并未说假话——也许他们觉得到了诊所马上会有人来处理他们的牙病了，从而情绪放松下来；也可能像参加了某种仪式一样，当他们接触到医生的手时，病痛便得以缓解了……实际上，这和安慰剂所起的作用大同小异。

作为全美医疗作假委员会的创始人，杜斯医生对安慰剂研究的兴趣始于其对医疗作假案件的调查。他说，牙医和其他医生一样，有时用误导或夸大医疗需求的办法来引诱病人买药或接受较费钱的手术。为了具体说明"安慰剂效应"究竟是怎么回事，他援引了美国医疗协会期刊刊登的有关末梢神经痛的研究成果。据悉，接受试验的人员分为4组：A组服用一种温和的镇痛药；B

组服用色泽形状相似的假药；C组接受针灸治疗；而D组接受的是假装的针灸治疗。试验结果显示：4组人员的痛感均得以减轻，4种不同方法的镇痛效果并无明显差异。这说明，镇痛药和针灸的效果并不见得一定比安慰剂或安慰行为更为奏效。

小秋是一名三年级的学生，在其他各方面表现都很好，可就是上课不能专心听讲，不能按时独立完成作业。他为此十分自卑，认为自己"脑子笨"，在班里总觉得见人矮三分，抬不起头来。

小秋的父母更是着急，他们都是知识分子，常常觉得是自己没有把好的基因遗传给独生儿子。他们带着孩子东奔西走，找老师、看医生均没奏效。经由智力测试，结论是"孩子智力正常，无任何缺陷，身体发育良好。"父母经常找班主任反映孩子情况，并请求老师："无论如何请你帮帮忙，想想办法，管管我们的孩子。"

经过班主任一段时间的细心观察，发现了隐藏在"成绩不好"和"自卑心理"背后的症结是小秋上课时的注意力不能集中。针对小秋"注意力不集中"和"不能按时独立完成作业"两个不好习惯，班主任再三思考，认为必须采取特殊的方法。于是，请来了小秋父母，授了一些"机宜"。

一天晚上，小秋看到电视里正播映一则广告。一个孩子正在喝某种健脑营养品。爸爸乘机对小秋说："儿子，你也喝一喝吧，你看电视里的那个孩子，喝得多好啊！"小秋笑着回答说："但愿我吃了可以有一个聪明的脑袋。"从此，每天早上，小秋起床后的第一件事就是喝上一大匙这种健脑营养品。

一天课上，班主任发现小秋又神思恍惚，就走到他身旁弯下腰，悄声说："听说你每天在喝营养品，你脑子一定比以前好了，我相信你会集中注意力听好课的。"果然，这后半堂课小秋再没走过神。后来，其他任课教师也经常提醒小秋上课专心听讲。一个阶段下来，小秋的注意力慢慢开始集中起来，养成了专心听讲的习惯。

半年下来，小秋的学习成绩从班级的末尾跃居中游。小秋的爸妈和老师开心地笑了。原来，小秋每天喝下的不过是一大匙蜜汁。

每天的一匙蜜汁，为什么使小秋旧貌换新颜？这也应归功于"安慰剂效应"。安慰剂效应的心理作用机制是期望心理和暗示心理交互作用的结果，使人消除紧张、焦虑、自卑心理，增强心理抵抗力。许多教师将它运用到对学生的心理辅导上，实践证明，它成功了。

　　教师在这个世界上其实是一个很普通的工作，很多客观的事情不会按我们的想法发展。面对无奈，大家不要一味地哀叹，关键是花些时间思考一个好的办法来补救，我们不能改变事情的既成结果，但却不是完全无能为力。

　　美国的一架运输机在沙漠里执行任务时遇到沙尘暴而迫降，飞机严重损毁，无法恢复起飞，所有的通信设备也失灵了，几名机组人员与外界通讯联络中断。几名幸存者面对眼前的困境完全陷入了绝望的深渊，有些人都有了写下遗嘱的打算。

　　这个时候，一个不起眼的中年男乘客站出来，冷静地说："大家不要惊慌，我是一名飞机设计师，只要大家齐心协力听我指挥，就可以修好飞机。"他的话就像一针强心剂，大家的情绪一下子稳定了下来。大家在这个中年男人的领导下，制订了一个节约食物和水的计划，使一切井然有序。

　　一个星期过去了，飞机并没有修好。但他们却幸运地遇到了一队往返沙漠的商队经过获得生还。大家出了沙漠之后才发现，那个中年男人根本就不是什么飞机设计师，而是一个对飞机一无所知的小学音乐教师。

　　在对学生的教育中，教师也会遇到只能看着学生去经历而又无能为力的困境。但是静下心来想想，教师并不是真的无能为力，至少教师可以给学生一些"安慰剂"，让他们拥有一个勇敢自信的态度。当然不是任何一位教师都具备提供"安慰剂"的技巧，但是至少大家可以发扬"拿来主义"的精神，向别人学习教育的技巧。每个教师个人的经验都是有限的，而学生个性的变化却是无限的。教师只有不断地学习一切有益于自己的教育经验，以他人之长，补己之短，才能不断提高自己的教育工作水平。

实施奖励要三思而行

——奖励，要懂得间隔强化

奖励，学习的助推器。

山坡上住着一群兔子。一天，兔王突然发现，外出寻找食物的兔子带回来的食物越来越少。经调查发现，原来是一部分兔子在偷懒。于是，兔王规定，兔子们采集回来的食物经过验收后，可以按照完成的数量得到胡萝卜作为奖励。一时之间，兔子们的工作效率大增，食物的库存量也大大提高。兔王开心至极。

过了一段时间，兔王想：库存这么多了，可以不奖励了吧！于是，就取消了这个奖励制度。马上，兔子们热情尽失。谁也不愿意再去找食物，库藏数量剧减。没办法，兔王只好恢复了奖励制度。

一天，小灰兔甜甜没能完成当天的任务，他的好朋友亚亚主动把自己采集的蘑菇送给他。兔王看见了，非常赞赏他助人为乐的品德，一高兴就给了亚亚双倍的奖励。此例一开，兔子们就和兔王吵闹起来，有的说："凭什么我干得多，得到的奖励却比亚亚的少？"有的说："我这一次干得多，得到的却比上一次少，这也太不公平了吧？"

这样一来，如果没有高额的奖励，谁也不愿意去劳动。兔王无奈之下就宣布，凡是愿意为兔群作贡献的志愿者，可以立即领到一大筐胡萝卜。布告一出，报名应征者好不踊跃。兔王得意地想，重赏之下，果然必有勇夫。

谁料，报名的兔子之中居然没有一个能如期完成任务。兔王气急败坏地责备他们，他们却异口同声地说："这不能怨我们呀，大王。既然胡萝卜已经到手，谁还有心思去干活呢？"

小功不赏，则大功不立。然而，胡萝卜也有不起作用的时候，甚至还能引起风波。兔王的胡萝卜让小兔子们热情激昂过，也让他们牢骚满腹埋怨过。在心理学上，胡萝卜就是强化物，是对兔子们做出某一期望行为的奖励。奖励某一种行为，这一行为就频繁出现，这就叫做强化。强化分为多种方式。其中一种方式就是固定时间的强化，即每隔一定的时间，就提供强化物，强化主体做出的行为。

美国心理学家斯金纳在他的白鼠实验中发现，如果每隔 20 秒就对白鼠强化一次，在强化后，白鼠的反应就会停顿，然后反应速度增加，在下次强化到来之前反应率达到高峰，说明它学会了根据强化的时间进行反应。白鼠的行为效率趋势就如扇贝一样，因此，我们称之为"扇贝效应"。

"扇贝效应"告诉我们，固定时间的奖励不能维持新的行为，没有"胡萝卜"奖励时，个体就会"热情尽失"，继而罢工；得到"胡萝卜"后，个体就"没有心思去干活"了，直到下一个"胡萝卜"的到来。

"扇贝效应"虽然是在动物实验中得出的结论，但在人身上也体现得淋漓尽致。下面就是生活中一个很典型的例子：

小凌每周都会做一些简单的家务，但是这两天突然"罢工"了。爸爸妈妈仔细询问，才恍然大悟：由于太忙，上星期天忘记了每周固定不变的对小凌做家务的奖励——吃麦当劳。这很让爸爸妈妈困惑：用适当的奖赏来鼓励孩子做家务，是为了培养孩子从小爱劳动的好习惯，但现在出现了没有奖励就不劳动的状况。到底怎样才能用好奖励，最终形成孩子良好的习惯呢？

小凌的问题应该是很多家长或者老师的困惑吧！其实，这就是"扇贝效应"的表现。那么在教育孩子的过程中，我们是不是应该彻底避免这种连续的或固定时距（次数）的强化呢？不！虽然在长时间的过程中，持续地应用连续的或固定时距（次数）的强化会产生扇贝效应，但是，在新知识、新行为、新习惯的初始学习阶段，连续的或固定时距（次数）的强化是必要的，这能够让学生很容易地完成要求的任务，尽快地得到奖励；紧接着，当学生的学习或者行为达到了一定的程度，就要不断延长强化的间隔时间，直到最后撤销强化。在延迟强化的过程中，教师可以变化间隔的时间（次数），使学生不能找到变化的规律，避免他专心地等待强化。

读小学三年级的夏夏总是不经过老师的允许就回答问题，这扰乱了老师的教学。老师告诉她，如果她能在得到老师的允许后再回答问题就可以得到一朵小红花作为奖励。实施后，夏夏果然进步不少，经过老师允许后再回答问题的次数迅速增加。过了一段时间，老师鼓励她说，你做得非常好，为了帮助你养成这样一个良好的习惯，我会在一段时间内对你的行为进行观察，并给你奖励，这回不是每次都奖励了，如果这一段时间内你总能够经过允许后再回答问题，我就奖励你更喜欢的奖品，如果这一段时间内你违反了我们的约定，我就不给你奖励。这位老师给予夏夏奖励的间隔时间越来越长，慢慢地，夏夏养成了好习惯，即使没有奖励，她也能在经过老师允许后回答问题了。

然而，孩子是聪明的，面对家长提供的奖励，他会讨价还价。有的孩子叫嚷道："我不要再吃麦当劳了！你奖励我一个电动自行车！"自行车的要求父母还可以接受，于是答应了。过了一段时间，他又会叫嚷道："下次我做得好，你要奖励给我一台电脑，不然我不干了！"父母无奈之下，满足了他的要求。直到有一天，他对父母说："奖励我一辆宝马汽车，不然我不干！"此时，"扇贝效应"因为孩子要求的不断提高而重新出现了。

面对孩子不断增长的要求，父母也感到无奈，这也许是他们退缩、让步的结果，最后只能使孩子的胃口越来越大，直到父母不能承担，而只能埋怨："这孩子真不听话，不好管！"表面上看，好像全都是孩子的无礼，仔细想想，父母也是有责任的。哪个孩子不想要最好的东西？这时父母应该分辨清楚哪些要求是可行的，哪些要求是不可行的，不可行的要求坚决不能答应，要让孩子知道，虽然是奖励，但决不能满足你的不合理要求。如果孩子知道了家长的坚决态度，也就知难而退了。

在学校里同样如此，教师某一次不经意的让步就会让学生认识到，如果他们一直恳求老师，老师最终会答应他们的要求。这实际上就是以间隔强化的方式来强化学生向教师恳求的行为。

另外，我们在实施间隔强化的过程中，要注意强化物的多样性，要有不同的强化物。因为长时间地使用同一种强化物会使孩子失去新鲜感，感到厌烦，这也就失去了强化的作用。也许孩子会向你埋怨道："哎呀，妈妈！总是奖励我麦当劳，我都吃得烦死了！"如果下次你还是奖励孩子麦当劳，孩子真有可能会为了避免吃麦当劳而故意做出令你失望的行为。

强化物可以是物质的，也可以是精神的。就像前面的兔王奖励助人为乐的小兔亚亚时，完全可以用精神表扬的方法，既能鼓励亚亚，也能避免其他兔子产生"不公平感"，一举两得，何乐而不为？

我们要记住，"胡萝卜"有许多种类，并不仅仅是麦当劳。

用间隔强化原理可以处理孩子看电视过多的行为。家长先和孩子约好允许看电视的时间，如每天半小时，孩子做到了，就可以得到他喜欢的奖品。对孩子作业拖拉的行为也可采用此法。让孩子自己给自己规定一个作业时间，再给他一个小闹钟，拨好时间，在闹钟铃响以前完成作业，就可以得到他所喜欢的奖品。

在学校里，一些固定的流程会使学生产生"扇贝效应"，比如，单元、期中、期末考试，每到此时，学生就会临时抱佛脚，开夜车加倍努力学习，充分利用"临阵磨枪，不快也光"的原理。这种填塞式的学习非常不利于知识的牢固掌握。这时，老师就要想办法打破这种"扇贝效应"，比如，不妨采用临时测验的方法，来一个突然袭击，这时，学生可能就会有所领悟，然后采取"以不变应万变"的策略——我且坐定苦学习，任尔东南西北风。

总之，合理利用变化的间隔强化方法，给孩子们喜欢的不同种类的"胡萝卜"，就会产生改造其行为的巨大力量。

（本文转载自网络"老牛博客"）

第四篇：
用教育心理学去引导学生

　　"学高为师，身正为范"。为人师者不仅要教给学生知识，更要能够为学生树立良好的人生榜样，能够从多方面去把握学生，从多角度去引导学生。

　　学生的成长需要教师的引导。教师要培养学生敢于面对困境的勇气和战胜困难的决心，更多地走进学生的心灵，对学生的心理问题进行疏导，并化解学生的心理压力……这些都需要教师了解教育心理学的知识。

身正为范

——重视榜样的力量

学高为师，身正为范。

《孔子家语》里有这样一个故事：鲁国制定了一条法律，一旦鲁国人在列国沦为奴隶，如果有人出钱把这沦为奴隶的鲁国人赎回来，可以凭"收据"到鲁国国库领取"国家补偿金"。这条法律出台后，大大推动了鲁国人的救赎行动，产生了良好的社会效果。

子贡是孔子门下最有钱的弟子之一，也是一位成功的商人。他在周游列国途中，遇到了一位鲁国奴隶，于是花钱把这个人赎出来。子贡把"收据"当众撕毁并声称：愿意自己承担所有的费用，不向国家报销。这一行为轰动了整个鲁国社会。子贡回国去见孔子，孔子吩咐学生说："子贡来了你们拦住他，从此我不想再见这个人。"子贡感到很委屈。于是他冲破阻拦，见到孔子。孔子说："你的行为没有损害你自己的行为价值，却损害了国家的法律。"

果不其然，子贡的榜样被舆论传播之后，产生了极大的负面影响，因为后来的救赎者再也不能以正常的心态去向国家报销。因为不能有效地实施这种报销制度，愿意出钱赎买奴隶的人越来越少了。

报纸上曾经报道过这样一件事情，一位班主任为使保护教室环境的意识在一年级新生的思想上形成，规定每日放学前学生都要将各自桌椅下的纸屑拾净，方可离校，并指派一名卫生员，负责讲台四周的环境卫生。一天放学，学生们正弯腰捡纸屑，老师发现唯独一名小组长正把手插在口袋里，一副袖手旁观的样子，而他的座位下的纸屑则由别的同学代劳，而且一连几天，情况都是这样。于是，老师找他询问原因。没想到，这位小组长一脸无辜，理直气壮地说："老师，您每次都让卫生员替您捡讲台边的纸屑，我是个组长，为什么不可以派同学为我捡纸屑呢？"老师听了顿时哑然。

古代的子贡做了好事，没有得到孔子的肯定，得到的是孔子的批评；现实故事中的老师想不到是自己的作用才会使得刚入学的一年级学生就会"派"别的同学来给自己捡纸屑。这都是因为榜样的力量。

教师都希望把自己的学生培养成才，但是很多时候却并没有注意自己的言行对学生的影响。教师的一举一动都是无声的教育，都在潜移默化中作用于学生。学生天生就有模仿能力。在教师的教育教学中，教师的品质、习惯等无不对学生在不同阶段的成长以及一生的发展产生极其重要的作用。教师不能只关注于向学生提出各种行为要求，然后，就像检察官一样，检查学生做得怎样，像法官一样，判断学生的对与错，而忽视了自己在与学生交往中应起到的榜样作用。

教师的职业道德素养之一就是严于律己，为人师表。教师具有示范性的特点，教师的表率作用对学生有着特殊的影响。"其身正，不令而行；其身不正，虽令不从。"教师以身作则，对于学生来说就是无声的引导。

有位教师在《湄州日报》上发表过一篇文章，其中描写了这样一个案例：

不久前，为迎接上级的校园卫生评比，学校组织各班进行卫生死角大清扫。我所带的班是负责臭水沟旁的一片草地。说真的，那草是又长又韧，水沟里的生活垃圾散发着一阵阵腐臭味，十分呛鼻。刚靠近时，我心里就阵阵发毛。对那些娇生惯养的小学生就更不用说了，一个个都躲在距我五米之外的地方。没辙，我只好先下手为范，挽起裤脚，卷起袖子，挥起锄头配合双手又拉又拔，一下子就干掉了一小片，有了小成绩，我越干越起劲，屏气猛干……由于我的"形象感召"，嘿嘿，不一会儿那些小家伙陆陆续续凑过来，渐渐地热火朝天地干起来，你一捧我一把，居然在一个小时后将杂草"消灭"完毕。总结劳动成果时，我说："大家今天发挥得真不错啊，体现了热爱集体、热爱劳动的规范要求哦。"几位同学撅着小嘴说："老师，您都干开了，我们还能不学您吗？"

可见学生是很在意教师的言行的，学生把教师的言行当成是自己的行动指南，学生把教师当成自己的榜样。这位教师的身体力行感染了学生，使学生从心里接受了教师这个榜样的作用。榜样的树立不是讲出来的，而是做出来的；不是装出来的，而是发自内心的行动。教育的重要手段是影响，这就需要教师具有人格魅力。

在平时的日常教学中，教师的榜样作用对学生的心理影响非常大。教师要是能够发挥好这个作用，将会使教学事半功倍。如低年级的学生在学习写字的时候，教师平时课堂板书，批改作业，都应该注意书写的姿势、握笔姿势，安排好字的结构，注意字的笔顺，展示给学生的应该是一个个端端正正的汉字。学生都具有很强的"向师性"和模仿性心理特征，教师的一举一动、一言一行，都可能成为学生模仿的对象。个别辅导时，教师要放下架子，走到学生中去，握着学生的手写一写，让学生看着老师写一写，无形之中老师把自己变成了一面镜子。这样，不但可以使学生注意自身的写字姿势，提高写字水平，养成良好的写字习惯，更使他们看到了一个活生生的写字"标本"，使学生潜移默化地受到了教育。

教师的言行对学生具有权威性，学生会不加选择地进行模仿。所以在日常的教育教学中，仪表方面，教师要衣着整洁，精神振作；语言方面，要让学生感到亲切；行为上要热情大方，经常给学生帮助，提高学生自理能力，为学生健康成长及形成良好行为习惯创造良好环境和氛围。

著名教育家梅贻琦先生非常重视教师的师德榜样作用，他有一句名言："大学者，非有大楼之谓也，有大师之谓也。"许多人对"大师"有片面的理解，仅看到学问的一面，而梅先生讲的"大师"则是学问、道德都好的楷模。他认为，老师不但要"以己之专长之特科知识为明晰讲授"，而且要为学生的"自谋修养、意志锻炼和情绪裁节"树立榜样。为此，他提出了"从游"这一生动的比喻，以老师为大鱼，学生为小鱼，认为"学校犹水也，师生犹鱼也，其行动犹游泳也。大鱼前导，小鱼尾随，是从游也。从游既久，其濡染观摩之效自不求而至，不为而成。"以教师的高尚品行来自然地引导学生，达到"不为而成"，是很高明的教育方法。因此，榜样至关重要，为师者不可不慎。

不可忽视的外因

——用良好的环境对学生进行引导

近朱者赤，近墨者黑。

泡菜是人们日常生活中经常食用的食品，其味道独特、鲜美。而同样的泡菜在不同的水中浸泡一段时间后，将它们分开煮，其味道是不一样的。教育心理学中有一种心理效应就被称为泡菜效应。"泡菜效应"揭示了环境对人的成长具有非常重要的作用。人在不同的环境里，由于长期的耳濡目染，其性格、气质、素质和思维的方式等都会有明显的差别，三字经里"性相近、习相远"说的就是这个道理。

孩子的成功离不开一个有利于其成才的外部学习环境。学习环境，是指供学习者学习的外部条件。一般地讲，学生的学习环境可分为学校学习环境、家庭学习环境和社会学习环境。孩子的大部分时间是在学校和家庭中度过的，所以学校环境和家庭环境就对学生的成长有着非常重要的作用。因此，教师和家长都应努力为孩子创造一种良好的学习环境。

学校学习环境是指学校的校舍、师资、教学条件、校风、学风等，这些都是影响学生学习的因素。学校是一个大家庭，孩子们在这里学习、游戏，和同学一起生活。可想而知，在这样的情况下，学校环境对孩子的影响起着多么举足轻重的作用。孩子学习兴趣的培养，生活习惯的养成，都在老师所营造的氛围内完成。为培养孩子某方面的兴趣，用一些孩子感兴趣的方式，引导孩子，表扬一些做的好的孩子，用榜样的力量培养出他们的兴趣来。这是因为孩子的学习、生活习惯还处于形成阶段，需要老师给予引导。不过，当一部分孩子的良好习惯养成后，其他的孩子在这种环境下，也就能很自然的养成好习惯了。

有一位教师在日常的教育中注重从学生的心理特点出发，很重视从学习环境上对学生进行引导教育。如在教室一角放置几盆盆景，使学生舒心怡神。在班级布置上采用色彩与内容相结合的方法，一踏进教室，红色的几个大字"我在乎你"马上映入眼帘，随之进入视线的便是黄色的注解："学校在乎你，老师在乎你，同学在乎你，大家在乎你的成长"。在具体的教学过程中，该教师从"教"与"学"的两个角度为学生创造一个温馨的学习环境。他教育学生明确学习目的，端正学习态度，在班内营造浓厚的学习氛围，创造一个良好的内在学习环境。该教师还提倡班级内同学要相互启发，取长补短，共同提高。为了搞好学习上的合作，根据自愿结合的原则，同学们成立课余"学习互助小组"，相互质疑问难，答疑解惑，共同探讨存在的问题。或在优生和后进生之间开展"一帮一，一对一"活动，发挥优生的传帮带作用，促进后进生学习上的转化。这样，该教师把握住了学生的学习心理，从外在和内在两个方面给学生创造了良好的学习环境。在这样的环境下学习生活，学生不仅能更好地学习知识，心理上也能健康的成长。

良好的学习环境不仅有利于学生学习效果的提高，而且能陶冶学生的情操，净化学生的心灵，激励学生勤奋学习、积极向上，促使学生全面发展，健康成长。著名心理学家陈琦、刘儒德合编的《教育心理学》一书中讲道：教师作为儿童进入学校中最主要的指导者，要帮助学生建立一个良好的学校学习环境，这是帮助学生学习以及面对情感或人际问题的最好资源。

家庭是孩子社会化最重要的场所。不良的家庭环境和错误的教养方式，往往导致孩子养成不良的品行习惯，进而导致其学业失败。我国心理学家俞国良认为："父母对孩子学习行为的管理、教育子女的方式以及教育方式的一致性等因素也会显著影响学习不良儿童的学习进步。"在家庭中，父母如果具有良好的生活习惯、意志品质，并能创造良好的学习氛围，孩子在其中就会受到熏陶，就能成长为一个受欢迎的人。而有些父母每天都在外忙碌，对孩子的兴趣、爱好一概不知，对孩子优良的表现从来不闻不问，但对待他们所犯的错误，却是十分下"力气"，打起孩子来毫不含糊。在这种环境中成长起来的孩子，性格往往变得很暴躁，对学习兴趣不高，并经常与周围的人发生矛盾。作为一名合格的家长，应当为孩子创造一个适合孩子健康发展的生活环境，让孩子的性格、爱好、生活习惯等得到很好的培养。

大家都知道我国古代著名的儒家学派的代表者——孟子。孟子小时候，父亲很早就去世了，母亲守节没有改嫁。刚开始，他们住在墓地旁边。小孟子就和邻家的小孩一起玩办理丧事的游戏，并学大人跪拜、哭嚎的样子。孟母看到了，皱起眉头说：“不行！我不能让我的孩子住在这里！”于是，孟母就带着小孟子搬到市集旁边去住。到了市集，小孟子又和邻家的小孩学起商人做生意的样子，一会儿鞠躬欢迎客人、一会儿招待客人、一会儿和客人讨价还价，表演得像极了！孟母知道了，又皱皱眉头说：“这个地方也不适合我的孩子居住！”于是，他们又搬家了。这一次，他们搬到了学校附近。孟子开始变得守秩序、懂礼貌、喜欢读书。这个时候，孟母很满意地点着头说：“这才是我儿子应该住的地方呀！”

孟母正是意识到良好的生活环境对孩子成长的巨大影响，才进行了不断地搬迁。这虽然看似麻烦，但正是在孟母的良苦用心下，孟子才有了一个良好的成长环境，中国也才有了一位影响自己几千年思想文化发展的大圣人的诞生。

环境对人的成长具有不可抗拒的影响作用，这种影响是潜移默化的，尤其是人在幼年时期对环境的影响更为敏感。因此，为了孩子的身心健康，教育者应该认真细致地考虑孩子所处环境的各种因素，对显在的有害因素予以消除或控制。更进一步，教育者不仅要考虑给孩子提供一个好的物质环境，更要与其他教师或者家庭成员多沟通，为孩子营造一个安全、亲切的生活和学习环境，以激发和保护孩子不断寻求知识的潜能，并培养他们高尚的道德情操。

最后，让我们再熟悉一下美国心理学家诺尔蒂的一段名言：

如果孩子生活在批评的环境中，他就学会指责；

如果孩子生活在恐惧的环境中，他就学会忧心忡忡；

如果孩子生活在羞辱的环境中，他就学会内疚；

如果孩子生活在鼓励的环境中，他就学会自信；

如果孩子生活在受欢迎的环境中，他就学会关爱别人；

如果孩子生活在安全的环境中，他就学会信任；

如果孩子生活在赞许的环境中，他就学会自爱；

如果孩子生活在互相承认和友好的环境中，他就学会在这个世界上寻找爱。

困境即是赐予

——不要忘记挫折教育

被克服的困难就是胜利的契机。

现在的孩子从入学起，就承受着较大的心理压力。一方面，他们对学业上的困难、对学校的竞争环境的不适应等非常普遍。另一方面，中学生正值青春年少，缺乏人生经验，抗挫折能力与调控能力较差。面对困境与重压，他们容易沉陷在消极的泥潭中而不能自拔。例如，一些学生不能承受学习成绩下降、家庭问题等带来的身心压力，出现焦虑、失眠、抑郁、恐惧等心理问题，个别学生精神崩溃、跳楼自杀……身心的失衡，不仅影响其智能的发挥，而且还会使其潜能的挖掘、综合能力的培养、人格的完善受到抑制。其实，如果我们能改变一下看问题的角度，一个障碍，就是一个新的已知条件，只要愿意，任何一个障碍都会成为一个超越自我的契机。

有一天，素有森林之王之称的狮子，来到了天神面前说："我很感谢您赐给我如此雄壮威武的体格、如此强大无比的力气，让我有足够的能力统治这整片森林。"天神听了，微笑地问："但是这不是你今天来找我的目的吧！看起来你似乎为了某事而困扰呢！"狮子轻轻吼了一声，说："天神真是了解我啊！我今天来的确是有事相求。因为尽管我的能力再好，但是每天鸡鸣的时候，我总是会被鸡鸣声给吓醒。神啊！祈求您，再赐给我一个力量，让我不再被鸡鸣声给吓醒吧！"

天神笑道："你去找大象吧，它会给你一个满意的答复的。"

狮子兴冲冲地跑到湖边找大象，还没见到大象，就听到大象跺脚所发出的"砰砰"声。

狮子加速地跑向大象，却看到大象正气呼呼地直跺脚。

狮子问大象："你干吗发这么大的脾气？"

大象拼命摇晃着大耳朵，吼着："有只讨厌的小蚊子，总想钻进我的耳朵里，害得我都快痒死了。"

狮子离开了大象，心里暗自想着："原来体形这么巨大的大象，还会怕那么瘦小的蚊子，那我还有什么好抱怨呢？毕竟鸡鸣也不过一天一次，而蚊子却是无时无刻地骚扰着大象。这样想来，我可比它幸运多了。"

狮子一边走，一边回头看着仍在跺脚的大象，心想："天神要我来看看大象的情况，应该就是想告诉我，谁都会遇上麻烦事，而他却无法帮助所有的人。既然如此，那我只好靠自己了！以后只要鸡鸣时，我就当鸡是在提醒我该起床了，如此一想，鸡鸣声对我还算是有益处呢！"

在人生的路上，无论我们走得多么顺利，但只要稍微遇上一些不顺的事，就会习惯性地抱怨上苍亏待我们，进而祈求上苍赐给我们更多的力量，帮助我们渡过难关。但实际上，上苍是最公平的，就像他对狮子和大象一样。每个困境都有其存在的正面价值。

除了智商、情商外，近年来又流行一个新概念：挫折商（逆商，AQ）。IQ、EQ、AQ 并称 3Q，成为人们获取成功必备的三大法宝。有专家甚至断言，100% 的成功 = 20% 的 IQ + 80% 的 EQ 和 AQ。

逆商 AQ 来自英文 Adversity Quotient，全称逆境商数，一般被译为挫折商或困境商。它是指人们面对困境时的反应方式，即面对挫折、摆脱困境和超越困难的能力。大量资料显示，在社会竞争日趋激烈的今日，中学生要想很好地走入社会，在社会上占有一席之地，在更大程度上取决于其面对挫折、摆脱困境和超越困难的能力。

心理学家认为，一个人事业成功必须具备高智商、高情商和高挫折商这三个因素。在智商都跟别人相差不大的情况下，挫折商对一个人的事业成功起着决定性的作用。

在现实生活中，没有人能够永远不遭受挫折。现在的学生很多都是"温室里的花朵"，他们没有经历过什么挫折。为了让学生不在困难面前束手无策，教师在教学中就要给学生灌输承受挫折的思想，让学生有充分的心理准备。在教育过程中，对受教育者进行挫折教育是非常有必要的。许多事业成功者往往不是一帆风顺的人，而是那些在生活中遭受挫折的人。这是因为，那些自认为聪明的人往往会选择走一些所谓的"捷径"，而这些所谓的"捷径"也同时使他们丧失了非常有意义的锻炼机会。只有那些生活在逆境中饱经风霜的人，才能更深刻理解什么叫成功。因此，在教学中，对学生进行挫折教育是锻炼提高学生的一种很好的方法。

洪战辉，湖南怀化学院的一名大学生，在 11 岁那年家庭突发重大变故：父亲疯了，亲妹妹死了，父亲又捡回一个遗弃女婴，母亲和弟弟后来也相继离家出走。洪战辉稚嫩的肩膀过早地压上了生活的重担。

从读高中时，洪战辉就把这个和自己并没有血缘关系的妹妹带在身边，一边读书一边照顾年幼的妹妹，靠做点小生意和打零工来维持生活，并把妹妹带到自己上大学的异地他乡上学，如今已经照顾妹妹整整 12 年！

年纪轻轻的他成为 2005 年"感动中国"十大人物之一。对他的颁奖辞是：当他还是一个孩子的时候，就对另一个更弱小的孩子担起了责任，就要撑起困境中的家庭，就要学会友善、勇敢和坚强。生活让他过早地开始收获，他由此从男孩变成了苦难打不倒的男子汉，在贫困中求学，在艰辛中自强。今天他看起来依然文弱，但是在精神上，他从来都是强者。

面对逆境，如果选择了放弃，也就是选择了失败。在人生的旅途中，一些人虽然也曾经努力过，但收效甚微。这是因为在前进的旅途中遭遇了困难，漫长的、看起来毫无结果的征途使他们厌倦了，于是，他们就会停下来，寻找一个避风的港湾，在那儿躲避风浪。这是沙漠中鸵鸟遇到穷追不舍的敌人时使用的办法，它们把头埋在沙子里面，不敢面对面前的困境！教育要让学生具备应对挫折的正确态度，这比给他们无数的知识更重要。因为知识只能让人不再无知，而挫折教育给学生的却是让他们怎么在以后的社会中面对困难和挫折！这是人必须具备的生存技能。

挫折教育不再是陌生的话题，但是很多教师在实施的过程中却步入到误区之中。真正高效的挫折教育不是盲目地让学生经历尽可能多的挫折，而是要达到挫折教育的目的：让学生学会怎么面对挫折！很多教师看到挫折教育的一两篇小报道就盲目上"项目"，他们不辞辛苦地给学生的生活、学习引入了很多挫折，但是却忽视了挫折教育的目的和精神所在，如此实乃挫折教育的悲哀！一些没有经历过多少挫折的学生面对突然间出现的这么多困难，就好像原始人遭遇洪水猛兽一样逃之夭夭，更有甚者是彻底地缴械投降。这样的挫折教育其实是"恐吓"教育，因为它达到的效果就是使学生以后更加害怕挫折！

挫折教育的实施还要注意的就是教育的实施者在这种教育中的位置和作用。挫折教育作为一种教育当然不能是仅仅给学生制造挫折，教师要注意在挫折教育中的引导。实施者绝对不是旁观者，要在挫折教育中发挥重要的作用。当学生在困难面前丧失信心时，你要给予他们坚持下去的勇气和信心；当学生取得成功时，不要忽视他们的进步，他们需要你的肯定和赞赏。

挫折教育还有一个误区就是实施者对克服挫折的学生奖励不当。很多教师在学生只是克服了一个小小的问题之后便大加奖赏。这不仅不是真正的挫折教育，而且很容易让学生形成一个错误的惯性思维：如果我克服任何一个挫折就会有明显的物质奖励。我们知道，现实生活中当你克服了挫折之后都是没有任何物质奖励的，甚至没有任何人的关注和安慰！如果学生形成了克服挫折就索要物质奖励和奖赏的习惯，他们将来在社会上遇到真正的挫折时，很容易因为看不到任何有形的奖励而放弃！

学学古人

——"疏"比"堵"更有效

大禹治水，变堵为疏，教育学生，亦在于此。

引导是开启学生心灵的金钥匙，也是教育工作中常用的方法。传统的教育方法"灌""管"，制订许多条条框框，上课几个"不准"，下课几个"不能"，是培养不出开拓型、创造性人才的。教育工作应变"灌"为"诱"，变"堵"为"疏"，变限制型为引导型，这样才能更好地实现教育的目的。

远古时代，中国的黄河流域发生了一次特大洪水灾害。为了解除水患，各部落召开了部落联盟会议，大家推举了鲧来带领各部落完成这个任务。

鲧接受了任命，马上走马上任。无奈当时洪水实在太大了，以前聪明英勇的鲧用前辈们传下来的治水方法，填了九年，但是依然"滔滔洪水，无所止极"。九年的时间白白地浪费掉了，人们不仅没有看到洪水消退，而且九年中无数的人力、物力被投在了治水上。鲧被迫下台，最后死在羽山上。

这次，大家推选出来鲧的儿子禹继续治理洪水。接受任命之后，禹并没有急着马上去治水，而是请来了过去治水的长辈总结过去失败的原因。经过实地考察，加上大家的意见，禹制订了一条切实可行的治水方案，这就是"变堵为疏"的方法。他改变了父亲一直坚持的填堵洪水的做法，而是带领大家加固堤防，疏通河道。经过十多年的艰苦劳动，禹本着"三过家门而不入的精神"终于疏通了九条大河，使洪水沿着疏通的河道，服服帖帖地流入大海。

这就是"变堵为疏"这个典故的由来。这个故事给我们今天的教育教学工作很大的启发，学生其实就像"洪水"一样，他们都有自己的个性，不会服服帖帖地对我们唯命是从。在学生犯错误的时候，我们都是在想应该怎样堵住这个"缺口"，但是很多时候大家发现"缺口"越堵越大，这是什么原因？下面的这则报道或许会给大家一个答案。

《南京日报》曾经报道了这样一件事：

黄老师是一名小学校长，儿子小华（化名）即将升入高三。黄老师介绍，从初中开始，儿子就在外面偷偷玩游戏。为此她和小华的爸爸没少费心，打过、跟踪过，但都收效甚微。今年放暑假了，黄老师每天都要为学校的生源问题奔波，丈夫上班，独自在家的小华玩得更疯了。如何对儿子进行监管，黄老师和丈夫商量后决定，开放家中电脑让小华打游戏，但要合理分配游戏时间和学习时间。于是，一份《合理分配学习和上网时间协议》诞生了。

签协议后，孩子变得懂事了

7月20日这天，恰巧是小华的生日。黄老师拿出了这份协议，儿子起初很惊讶，随即便转为惊喜了。在《协议》上打游戏有几个条件：①早晨9点之前禁止打；②晚上7点过后禁止打；③每天学习时间必须超过5个小时；④每天打游戏时间不许超过3个小时。同时还规定，禁止在外面玩游戏，一经发现，视为违反协议，立即全面禁止游戏。黄老师介绍，自从《协议》签订之后，感觉小华"配合"多了。每天早晨7点之前准时起床，然后就自觉学习。《协议》签订之后，她和丈夫曾对小华进行多次"突查"，发现小华很守信，每天用闹钟对玩游戏时间进行定时。玩游戏时也变得坦然，不像以前那样躲躲闪闪了。黄老师还发现，孩子做完的作业本明显增厚，和父母沟通的时间也多了，话也多了。

孩子的爱好应该引导

记者采访了小华。他告诉记者，自己很喜欢打游戏，这也是一种爱好，也是一种放松的方法。小华称，以前父母不让在家打游戏，他就偷偷打，实在忍不住就跑到网吧打。由于害怕被父母发现，打游戏时往往不能尽兴，就会更想打。

一位教育心理学专家认为，对于孩子打游戏的问题，应该正确引导。如果教师和父母一味禁止，甚至不顾孩子的尊严，打、骂、监视什么手段都用上，这样很容易激起他们的逆反心理。他作了个形象的比喻，孩子的爱好像是洪水，如果只堵不疏，会决堤的。

教育中常常发现这样的现象：如果学生的选择是自愿的，学生会倾向于增加对所选择对象的喜欢程度。而当选择是强迫的时候，学生会降低对所选择对象的好感。因此，当强迫学生作出某种选择时，学生对这种选择会产生高度的心理抗拒，而这种心态会促使他们作出相反的选择，并在实际上增加对自己所选择的对象的喜欢。这实际上就是逆反心理。

逆反心理是指主体在客观要求与主观需要不相符合时产生抵触情绪，并对对方的要求采取相反的态度和言行的一种心理状态。其实质在于突出主体的某种需要或尊严，显示其自主性和存在价值。逆反心理在人生的各个阶段都可能产生，但中小学生时期的逆反心理是最强的。教育心理学研究表明，中小学生正处于心理急剧成熟阶段，思维也由正向、简单向着逆向、发散等方面发展。其中，逆向思维是产生逆反心理的基础和先决条件。持这种思维的学生一般很有批判性，但容易片面、固执、极端地看待和处理问题。如他们自认为已经长大，凡事都应该自己做主，而容易把家长、老师的教导看做是对自己自尊心的伤害，随之产生反感、厌烦情绪，继而采取回避甚至背其道而行的应对方式。

逆反心理的产生固然有一定年龄阶段的生理、心理因素等特殊原因，但在某种程度上与学生所处的客观环境也有关系。学校教育的缺位或不得法、社会人文环境的不良等一系列客观因素皆容易促成、加剧学生的逆反心理。

教师在教育中只有变堵为疏，才能避免学生产生逆反心理，收到事半功倍的教育效果。比如，当一位老师从学生日记中发现学生早恋时，没有将其视为洪水猛兽而大惊小怪或横加指责，而是装成若无其事的样子，非常细心地关心这位学生的学习和生活，与学生进行谈心，告诉学生青春期产生对异性的好感是很正常的，但必须把握好分寸。因为在这个朦胧的年龄很容易干出糊涂事，将会因此抱憾终生。动之以情，晓之以理的谈心使学生心悦诚服，翻然醒悟，收到了预期的效果。正所谓善疏则通，能导必安。

第一印象

——先入为主，走进学生的心灵

> 人与人之间的接触，先给予对方的印象，是外表而不是内心。假
> 如给人的第一印象不好，又怎能获得别人的敬仰和接近的欲望？

生活中我们第一次见到他人的时候，心中总会有一个对他的印象。通常所说的这个印象实际上就是指第一印象或最初印象。第一印象也就是指初次见面时所形成的对某个人的认识和看法。物体、现象、事件或一个人，在人们面前第一次出现时，令人感知最深、记忆最牢。心理学研究表明，由于第一印象形成的总体印象比后来获得的信息影响更大，也就是初次与人或事接触时，在心理上产生了对某人或某事带有情感因素的定式，往往会影响到以后对该人或该事的评价，所以，第一印象往往对事情的成败起着至关重要的作用。

1957年，美国心理学家卢钦斯做了这样一个实验：他编撰了两段描写一个名叫吉姆的男孩的生活片段的文字，第一段文字将吉姆描写成热情、外向的人，说吉姆与朋友一起去上学，他走在洒满阳光的马路上，与店铺里的熟人说话，与新结识的女孩子打招呼等；另一段文字则相反，把他描写成冷淡而内向的人，说吉姆放学后一个人步行回家，他走在马路的背阴一侧，没有与新近结识的女孩子打招呼等。在实验中，卢钦斯把两段文字加以组合：

第一组，描写吉姆热情外向的文字先出现，冷淡内向的文字后出现。

第二组，描写吉姆冷淡内向的文字先出现，热情外向的文字后出现。

第三组，只显示描写吉姆热情外向的文字。

第四组，只显示描写吉姆冷淡内向的文字。

卢钦斯让四组人分别阅读一组文字材料，然后回答一个问题："吉姆是一个什么样的人？"结果发现，第一组中有78%的人认为吉姆是友好的，第二组中只有18%的人认为吉姆是友好的，第三组中认为吉姆是友好的人有95%，第四组中只有3%的人认为吉姆是友好的。

第一组和第二组条件下，相同的内容，只因顺序不同，人们对吉姆的印象差别竟然如此之大！也就是说，信息呈现的顺序影响了人们对他人的整体看法，先呈现的信息比后呈现的信息有更大的影响作用。

在教育教学中教师给学生的第一印象同样重要。

德国心理学家艾宾浩斯早在1885年《记忆》一书中指出："保持和复现在很大的程度上依赖于有关的心理活动第一次出现时注意与兴趣的强度，在第一次生动鲜明的经验之后，被烫伤的儿童就躲避火，挨了打的狗见了鞭子就逃。"这是第一印象给他们留下了深刻的痕迹。

在教育中，我们所指教师的第一印象不仅是一个老师和学生第一次见面时的第一印象，同时也是指每堂课的第一印象，即教师进入课堂时对学生的影响。因为教师进入课堂即是这一堂课的开始，最先映入学生眼帘的就是教师的形象，这个形象会给学生带来很大的影响。学生对教师的长期印象，学生对教师教学过程一系列行为和其他特征的解释与判断，这些都受到教师在学生心目中的第一印象的影响。换言之，教师给学生的第一印象将直接影响学生对教师及其所教学科的心理趋向，最终影响到教师教学的效果。

"好的开始就是成功的一半"，就是要求教师要注重第一印象在教育教学上的应用。教师在教育教学的序曲中，弹奏的第一个音符就是给学生留下的第一印象，这个印象往往具有深刻性、稳定性和光环性，不易忘也不易变。如果学生认为教师的一方面是好的，就往往认为教师的其他方面也都是好的；反之亦然。所以在与学生初次见面时，教师要善于给学生一个好的第一印象，以便为以后实施有效的教育奠定基础。

其实仅仅只是在这里阔谈，很多人都可以滔滔不绝。下面是学生写的关于教师印象的文章，大家可以从中体会到第一印象的重要性。第一个学生是这样写的：

她是一个很特别的人，天真、亲切、和蔼，还带有一点淘气。但她不是你想象中的那样充满朝气的年轻女教师，而是一个年过半百的、充满智慧的人。

她就是教我们政治课的李老师。

上政治课的那一刻，教室里会很安静，同学们都屏住呼吸，期待着李老师的到来。只要她一进教室，同学们就会特别开心，因为她让我们感受到了做一名学生的幸福与纯真。记得上第一节课时，她让我回答两个问题："暑假中你印象最深刻的事情是什么？""你想对老师提点什么建议？"当时，她站在我面前，满脸微笑，一双眼睛很专注地看着我，我感觉自己特别地受鼓励，生平第一次在这么多陌生人面前大声说话。而后，她给我作了个总结，既富有激情，又十分准确。有时她会手舞足蹈，让我们仿佛又回到了童年。她仿佛是一本童话书，你只要走进它，就会发现其中的快乐，她的话有时会说得很简单，但里面的含义却意味深长。

李老师是一个年长的人，也一定教过不少的学生。而今天，能成为她的学生，我是那么的幸运。

第二个学生这样写留给自己深刻印象的教师：

李老师：

高一的第一节政治课，您就给我留下了"这个老师有特点"的印象。如果我没记错，您的第一堂政治课是让我们谈暑假中印象最深刻的一件事。一般的老师都是向我们介绍一下这门学科在高中里的学习内容和学习方法，而您没有。但通过和我们聊天，这些内容也贯穿在其中，真是一个有特点的老师。

随着时间的推移，课前话题评说、研究性学习、轮座位回答问题、好坏曝光、考试数据统计……这些有特点的教学方式一一展现在我们的眼前，我们体会到了您的好心肠、您的善良、您的豁达……还让我们知道您抓人漏洞特准特狠！（这次如果有什么漏洞，您心里知道就可以了，拜托）

聚散乃人生常事，我们也将离开学校，向着各自的梦想奔去，我想您还会坚守"阵地"的吧，以后我们会经常来看看您的。身体乃革命的本钱，希望您身体健康！幸福乃人生追求，希望您幸福永驻！最后希望您的愿望都可以实现！

很高兴能和您一起度过三年时光，很荣幸成为您的学生。

有人说，你是否能被别人接受，在初见面的30秒内就决定了。这也许有些偏激，但也足以说明一个人留给别人的第一印象是多么重要。教师如果可以留给学生一个美好的第一印象，那么学生就会"亲其师而信其道"，之后的教学工作开展就要容易得多了。

　　一些学生在进入学校的开始就产生了一个理想：长大后，要当一名老师！他们有这样的想法，大都是受老师的影响。学生崇拜自己的老师，也希望自己成为被别人崇拜的老师！许多老师在讨论的过程中表达了同样的想法："正是在老师的影响下，我踏上了三尺讲台。我不知道我将来会对我的学生有什么影响，但至少有学生曾经说过最喜欢教师的职业，将来也要做一名老师。"

　　这就是老师第一印象的魔力，教师要把握住这重要的第一次的机会。如果你能因为个人魅力而影响了你的学生，那是一件多么令人幸福的事啊！

搬开压在心中的石头

——引导学生进行心理宣泄

宣泄是处理情绪问题的一种基本方法。在实际生活中，宣泄的基础性除了在于它在一些情况下能单独解决情绪问题之外，还表现在：在一般情况下，我们只有对情绪适度宣泄之后才能较理智、合理地处理情绪，或者，当我们用其他方法处理情绪时，如果我们能够以宣泄方法与之配合，那么就能更好地处理情绪。

美国芝加哥郊外有一座十分现代化的霍桑工厂。这座工厂以制造电话交换机而著名。工厂的管理者十分注重员工的各项福利待遇，他们在工厂里面安装了完善的娱乐设施，为员工建立了优良的医疗和养老金制度，但是工人们仍然称生产状况很不理想。无奈之下，管理者请来了心理学专家。这些专家对工厂的员工进行了一项试验，用两年时间，专家找工人个别谈话两万余人次，并规定在谈话过程中，每位专家都要耐心倾听工人对厂方的各种意见和不满。这一谈话试验收到了意想不到的效果：霍桑工厂的产值大幅度提高。原来真正的原因是由于工人长期以来对工厂的各种管理制度和方法有诸多不满，无处发泄，"谈话试验"使他们的这些不满都发泄出来，从而使他们感到心情舒畅，干劲倍增。

霍桑工厂的故事告诉我们：作为教育者，在具体的教育活动中，一定要注重疏通宣泄渠道，努力营造一种使学生既生动活泼、又心情舒畅的良好氛围，切莫堵塞言路。

当前，面对升学就业等各方面的竞争压力，不少学生或不适应，产生失落感；或心理失衡，滋生失望情绪；就是那些在学业上取得好成绩的学生，也由于竞争压力和人情隔膜而感到生活空虚无聊、苦闷乏味。所有这些都说明，在当前的教育中，让学生适当地把心中的压力宣泄出来，进行"放气""减压"，确有必要。

心理学告诉我们，人具有积蓄能量的本能，这种本能的能量在反射活动和幻觉的愿望满足中被消耗，使个人脱离紧张的苦恼，这就称作宣泄。失意的长叹，小孩子的哭喊，老年人的唠叨，都是宣泄的表现。可见，宣泄是一种心理表现，而在教育实践中宣泄更是减轻学生心理压力的好方法。

心理宣泄分为两类：一类是不良心理宣泄，一类是良性心理宣泄。不良心理宣泄往往危害社会和家庭，甚至导致伤害、杀人等违法犯罪行为的发生。而良性心理宣泄，则有利于不良情绪的减轻和消除。教师在教育中借助良性心理宣泄的方法，帮助学生应对生活、学习中遇到的各种心理压力，可以避免很多心理问题的出现。

个体心理宣泄的途径包括倾诉、哭泣、吼叫、写日记、写情绪书信，以及进行专业的心理咨询等，这些途径的功能和适用范围存在很大区别。倾诉与其他宣泄途径相比是一种适用范围最为广泛的途径。倾诉不仅对情绪宣泄的作用较强，而且它适用的范围也是最大的，几乎可以用于一切情绪宣泄，所以倾诉是首要的、基本的宣泄方法。

因此，作为教育工作者，要尽可能多地挤出时间与孩子谈心。在谈的过程中，教师要耐心地引导孩子尽情地说，让他们说出自己在生活、学习中的困惑，说出自己对家长、学校、老师、同学等的不满。孩子在"说"过之后，会有一种发泄式的满足，他们会感到轻松、舒畅。如果他们提出的所有问题教师都能帮助解决，提出的建议教师都能采纳，他们在学习中就会更加努力，生活中就会更加自信。这就是"霍桑效应"在教育中的最大启示。

教师可以采取多种形式的交流，如谈心、召开座谈会等，多方了解学生的思想状况，耐心倾听学生的心声，让他们获得一个倾诉的机会，来宣泄自己的心理压力，让他们的潜能得到积极地发挥。教育者要注意观察每一个学生的生活和学习特点，努力发现他们与众不同的闪光点，及时表扬他们，或者针对学生某一方面的专长，充分发挥他们的自主性，让他们自己大胆地去解决问题，使学生充分感受到教师对他们的关注和重视。这样，学生的生命潜能就会迸发出来，产生令人意想不到的智慧和能力。

教育者要正确地与学生交流，采用合情合理的手段让学生进行宣泄，就要做到对学生心理问题的把握及时和充分。这对于每一位教育者都提出了较高的要求，但是如果教师掌握一些教育心理学知识，这些要求就比想象的容易多了。根据学生的心理特点，我们对学生进行有针对性的、高效的交流和教育，就可以达到更好的效果。要做到这些，教师就要做到"三心"——倾爱心、有耐心、肯用心。

首先，倾爱心。

教师对学生的热爱可以激发出自身在教育工作中的无穷精力，使教师趋向于学生，更深刻地理解学生。教师对学生的爱使师生之间的交流更加亲切、自然，也可以激发出学生对教师的热爱。这种情况必然会缩短师生之间在空间上和心理上的距离，使学生产生与教师交流、沟通的欲望，把心里的压力告诉老师，"发泄"出来，并在老师的指导下把这种压力转化成学习的动力。"亲其师，信其道"，学生对所爱的教师产生的信赖感，使教师的话语能深入到自己的内心，从而使师生间的交流产生良好的效果。比如，大雨中一个同学因为没有带伞回不了家，教师将自己的伞借给这位学生，这就是爱心的具体表现。教师一个小小的表扬足以让学生"受宠若惊"，一个生活细节的叮嘱也常常让学生倍感温暖。因此，教师与学生的沟通，应当以倾爱心为首要的条件。只有教师有爱心，学生才愿意和教师交流，才有把心中压力在教师的正确引导下进行"宣泄"的可能。

其次，有耐心。

每个人对客观事物都有自己的看法，在生活中都有自己的行为习惯。这就要求教师与学生谈心时，要有耐心，要循循善诱，不能简单轻率，不要认为通过一两次谈话，就可以将问题彻底解决。俗话说："江山易改，本性难移。"面对那些性格怪僻、固执己见的学生，不能要求谈话的效果"立竿见影"，更不能祈求"毕其功于一役"；而应该有打"持久战"的思想准备，要做到不急不躁，不嫌不烦，不怕挫折，一次谈心没有解决问题，就再来一次，使谈心一次比一次深入，一次比一次嵌入学生的心扉，直到与学生完成心灵的沟通。

班上有个同学脾气比较暴躁，爱打架，多次受到学校的批评。班主任第一次找他谈话，他将老师"拒之门外"；第二次找他谈，他不屑一顾；第三次找他谈，他溜之大吉。殊不知，他这些举动更加激发了这位班主任转化他的决心。一天，班主任又将他叫到办公室，他还没进办公室的门就开始嚷嚷："你一个劲地叫我干嘛？你还有完没完？"班主任和颜悦色地说："我想跟你随便聊聊。"这一次他不但没有走，还向班主任掏出了真心话"大家都把我看成了坏孩子，再改也没有用。"这位班主任听到这句话，觉得在学生的思想深处是想进步的。于是趁热打铁，先摆现象，后谈实质；先讲事实，后讲危害，谈心一步步地深入下去。最后这位班主任说："有错改了就是好同学，不能甘于落后，现在追还来的及。"该生看到班主任这样信任自己，他当场表态："老师，我错了，我以后一定争气。"

这位教师耐心的教导让该生消除了情感障碍，从此严格要求自己，再也没有犯过违纪的错误。反之，如果这位班主任中途放弃，没有打"持久战"的思想准备，不能真正地和学生进行交流沟通，不知道学生这样做到底是什么原因，没有让学生把心中真实的感受说出来，该生的坏习惯可能还会持续下去。

最后，要用心。

学生虽然年龄不大，但都有自尊心。因此，与学生谈心交流时，想要引导学生把心中的苦闷发泄出来，教师就必须集中精力，对学生体现出尊重，让学生感受到教师对自己的重视。如果教师谈话时心不在焉，学生就会置若罔闻，使交流难以达到预期的效果。例如，有的教师一边剪着指甲和他人谈笑一边和学生谈话，这样的轻蔑举止刺伤了学生的自尊心，给学生增添了自卑感，容易使学生觉得教师看不起他，甚至导致他们形成自我封闭，并对教师的讲话持否定态度。这样，学生原有的心理压力不仅没有得到释放，可能还会在心中产生对教师的怨气。同时，教师在谈心过程中还应注意不能把学生看得"一无所知"，不能粗暴地打断学生的发言，不能进行"训话"式的交流，应该启发学生说话，让他们说出心中的话，真正地进行师生之间的交流与对话，而不是搞"一言堂"。在交流过程中，教师要始终注意观察学生的表情，掌握其心理变化情况，因时制宜地改变自己谈话的方式：或婉转相陈，深入细谈；或譬喻暗示，引而不发；或字字千钧，猛击要害；或和颜悦色，语重心长……

情绪影响着学生学习生活的方方面面，影响着学生学习的积极性、主动性和高效性。积极、向上、快乐的情绪有益于学生的身心健康，有益于学生的智力发展，有助于学生发挥正常的水平；相反，消极、不良的情绪会影响学生的身心健康，抑制学生个人智力的发展和正常水平的发挥。在日常教育过程中，教师在教育过程中要学会如何让学生学会宣泄不良情绪，了解一些心理（如情绪）方面的知识，掌握与学生进行积极沟通的好方法，掌握帮助学生克服不良情绪的有效方法，使学生能够排解心中的压力，发泄心中的苦闷。在此基础上，还要引导学生选择正确、恰当的方式表达情绪，并学会控制自己的情绪，把心中的压力转化为学习的动力。

你要学会放轻松

——化解学生的心理压力

每个人都要学会对自己进行心理放松，不要总是把自己绷得紧紧的，让自己喘不过气来。

有些教师在教育过程中对学生的要求相当苛刻，有时候甚至会要求学生考试时，试卷上的简单题目一道都不能错，错了就要接受惩罚，还要求默写也得全对，最多不能超过几个错字，否则就留校继续默写。这样的结果使得学生一考试就紧张，并不能达到教师所希望达到的教学目标。有时候学生之所以不怕考试，是因为老师不给学生施加压力，而是营造一个轻松的学习氛围。越是在成绩不好的时候，学生越需要鼓励，而批评或者打骂容易对学生造成心理负担。

从前，在山上的道观里，有一个小道士被派去买油。在离开前，道观里的厨师交给他一个大碗，并严厉地警告："你一定要小心，绝对不可以把油洒出来。"

小道士答应着跑下山，到厨师指定的店里买油。在回道观的山路上，他想到厨师凶恶的表情和严厉的告诫，越走越紧张，小心翼翼地端着装满油的大碗，丝毫不敢左顾右盼。眼看走到道观门口，却一脚踩到了一个坑里，洒掉了一部分的油，小道士越发紧张，手脚开始发抖。等回到道观里时，碗中的油只剩了一半。

厨师大怒，指着小道士骂道："你真是个笨蛋！我不是告诉你要小心吗？

为什么还洒了这么多油，真是气死我了！"

小道士非常难过。

一位老道士听到了，过来问是怎么一回事。了解以后，他就去安抚厨师的情绪，并私下对小道士说："我再派你去买一次油，这次我要你在途中多观察你看到的人、事、物，并且回来向我描述一下。"

小道士非常不想干，说自己油都端不好，根本不可能既端油又看风景。但是，小道士最终还是要听老道士的，勉强上路。

在回来的途中，小道士发现，路上的风景真美。远方有雄伟的山峰，不远处有在田地里辛勤耕种的人们。不久，又看到欢快的孩子在路边的空地上玩耍，两位白发老人正在兴致勃勃地喝茶聊天。小道士就这样端着油边走边看风景，不知不觉回到了庙里。当小道士把油交给厨师时，竟发现碗里满满的油，一点儿都没有洒出来。

厨师的苛刻要求，给小道士带来无比的紧张，结果是"油洒了一半"；老道士在意的是过程，结果小道士心情比较放松，碗里的油一滴未洒。

这个故事告诉我们，人不能有太大的压力。压力过大，人就容易紧张，反而发挥不出应有的水平。

心理的压力一般是由已经发生或即将发生的生活事件引起的。一般说来，构成心理压力的事件，多半都是坏的事件。但是，好的事件，一样可以变成巨大的压力。举个简单的例子，如职务的升迁，虽然职务升高之后责任和工作量都可能增大，但是，对某些人来说，心理压力的增加可能与责任和工作量的改变不成比例。他们很可能较快地就被心理压力压得寝食难安了。

心理学研究表明，即使没有大的事件发生，普通生活中的很多事情也会给人造成心理压力。只要是两个或两个以上的人在一起，身处其中的人就不可避免地会有压力，只不过这种压力有明显和不明显之分，也就是每个人都有心理压力，只是程度不同。轻度的心理压力是正常的，普通人都会有，但是如果是程度很重的心理压力则会给人带来一些如抑郁、强迫、恐惧、焦虑等不良影响。当前，由于受到激烈的社会生存竞争、沉重的就业压力等方面的影响，我们国家的教育承担了太多的期望和压力，父母和老师都希望教育能够"收获"全能的孩子。但是当我们把那么多的美好期望加诸到孩子身上时，收获的却是很多以前很少面对的问题，如学生因为承受不住学习和失败的压力自杀等。

为什么我们美好的愿望和辛勤地对学生的督促却收获了如此的意外呢？先

来看一下心理学中著名的"瓦伦达效应"。

瓦伦达是美国一个著名的钢索表演艺术家，以精彩而稳健的高超演技闻名。他从来没有出过事故，因此当他所在的演技团获得一次非常重要的表演机会时，他毫无悬念地获得了上台表演的资格。

瓦伦达知道这一次上场的重要性：全场都是美国的知名人物，这一次成功不仅仅将奠定自己在演技界的地位，还会给演技团带来前所未有的支持和利益。因而他从前一天开始就一直在仔细琢磨，每一个动作、每一个细节都想了无数次。

为了增加自己演出的精彩性，他决定这一次不用保险绳。因为许多年以来他都没有出过错误，他有100%的把握不会出错。但是演出开始后，意想不到的事情发生了，当他刚刚走到钢索中间，仅仅做了两个难度并不大的动作之后，就从10米高的空中摔了下来，当场丧命。

事后，人们问他妻子的感受，她伤心地说："他这次表演我就有不良的预感，因为他上场前总是不停地说：'这次太重要了，不能失败，绝不能失败！'而以往他却不是这样，每次表演之前，他只想着走钢索，并专心为此作准备，根本不去管其他的事情，更不会为'成功'或'失败'而担心。"

后来，人们就把专心致志于做某事，而不去管这件事的意义和结果，不患得患失的心态，叫做"瓦伦达心态"。当我们很想达到一个目的而过于紧张，担心事情的结果时，往往会因为我们的这种心态而失去成功的机会。美国斯坦福大学的一项研究也表明，人大脑里的某一图像会像实际情况那样刺激人的神经系统。比如，当一个高尔夫球手击球前一再告诉自己"不要把球打进水里"时，他的大脑里往往就会出现"球掉进水里"的情景。这一情景会指挥他的行动，结果事情不是向他希望的那样发展，而是向他害怕的方向发展——这时候，球大多都会掉进水里。我想读到这里大家很自然地就会明白我们的教育问题所在了。

学生还处于一个向成年人转变的过渡期，在学校的时光本来应该给每个学生留下一段美好的回忆。适度的心理压力有利于提高学生自我进步的内驱力，促进学生主动发展。但如果心理压力过大，就容易引起神经的抑制，使学生产生厌学的情绪。过高的心理压力已经成为影响很多学生发展的重要因素之一，所以缓解学生过高的心理压力，帮助学生拥有一个轻松的心态十分重要。

在教育教学过程中，我们往往会遇到心理压力过大的学生，他们或许是由于错误的自我定位，或许是太注重事情的结果而忽视过程，更或许是因为长久以来形成的自卑。不管什么样的原因造成的心理压力，这些学生有一个共同点就是他们的内心都不快乐。教育最重要的一个目的就是让学生获得快乐，拥有一个轻松良好的心态来面对现实，面对压力。作为教育工作者，我们有责任、有义务帮助学生减轻心理压力，获得轻松的心态！

第五篇：
用教育心理学塑造自己

　　教育的对象是学生，教育的实施者是教师。如果教师自己都不具备良好的心理状态，又怎么能教育好学生。

　　戴"有色眼镜"、急躁心理、偏袒心理、权威心理等，这些教师在教育过程中经常出现的错误心理，会对学生产生严重的后果。教师只有克服这些心理，才能真正地蹲下身来看学生，做到教育平等；教育的度、教师的平常心、教师自己的情绪等，这些都是教师在教育中需要精确把握的因素。只有把这些把握好，教师才能更好地进行教育教学。

拒绝偏心，坚持公正

——不要戴"有色眼镜"看学生

让每一个学生在学校里抬起头来走路。

太阳光太强烈会刺伤人的眼睛，这时候人们就会戴上有色眼镜以起到保护眼睛的作用。然而在我们的教育中，有些教师却往往习惯戴上"有色眼镜"，躲在"有色眼镜"后面看学生，这样看到的学生都是带颜色的，结果就是对好学生偏爱，对后进生忽视。这样做的结果在一定程度上严重地伤害了学生。

有一天，一位教师在讲课，看到两个学生趴在桌子上枕着书睡着了。其中一个是平时成绩优秀的学生，另一个是老师们眼中的"差生"。这位教师把那个"差生"叫起来，指着旁边同样睡着了的那个优秀的学生，说道："你就是不思进取，一看书就睡觉，你看人家连睡觉也在看书。"看了这个小故事，也许会有人哑然失笑，然而我们扪心自问：作为老师，我们在对待学生时该具备怎样的学生观、人才观呢？

有位记者采访一位美国总统的母亲时对她说："您很了不起，因为您有一位了不起的儿子。"这位母亲微微一笑说："您是说，我有一位当总统的儿子？我呀，还有一位同样了不起的儿子。"记者问："他是做什么的？"这位母亲说："他现在正在地里挖土豆！"在这位母亲的眼中，自己的两个儿子都是优秀的，他们没有地位的高低，只是从事的职业不同；他们都是自食其力，做着对人类有用的事情。这位母亲的话折射出正确的人才观。

在学校里我们经常会看到这样的例子。小君是学校里品学兼优的好学生，老师们都称赞她，回到家里也受到夸奖。听听别的同学的反映就可知道她受到的优待："老师们什么好处都给她，就想着她一个。""老师就知道夸她能力强，经常出风头，能力会不强吗？我想积极，可是哪里来的机会啊。""老师们都护着她，就是她有缺点也不批评她。""'三好生'、优秀团员和优秀班干部的荣誉老师们都给她，老师就是戴'有色眼镜'看人。"……

这类事例在学校里并不鲜见。美国心理学家托马斯·哈里森就说："学校是个使富有者更富、穷者更穷的地方。"这种好生好对待，差生差对待的做法必然造成教师只重视和培养少数优等生，忽视和放弃大多数中等生和后进学生，形成少数和多数的隔阂、分化和对立，使得很大一部分学生丧失了发展的最佳环境和机会。

荷兰一个小镇由于连降大雪，很多私立学校都关门停课了，但是小镇的公立学校却照常要求每一位学生都要到校上课。

一位心疼孩子的家长对此很不满意，于是她打电话去向学校表示抗议。挂断校长的电话，家长不但没有再生气，而且还安慰自己的孩子要克服困难坚持上课。为什么这位心疼孩子的母亲态度会发生一百八十度的变化呢？原因是校长对这位母亲说的一番话。原来这里是一个经济不发达的地方，小镇上有很多贫困的人口，这些人的家庭经常不能保证孩子的营养和健康。而镇里的公立学校每天可免费提供营养午餐和暖气，有些困难家庭的学生一天可能就这么一顿可口的饭菜，甚至有些还要带点剩的回家当晚餐。所以这个学校一年四季除了法定休假，其他时间都照常上课。

家长不解地问："这么糟糕的天气，很多人家里有暖气，这些人家的孩子为何要一起冒着严寒去上学呢？"校长平静地告诉家长："那样的话，有些孩子会认为是被特别照顾，而拒绝来上学。"因此，所有的老师和孩子在那样的天气依然会坚持上课，这都是为了呵护那些幼小的心灵，让他们时刻感觉到平等和更深层次的爱！

故事令人难忘，令人回味。心理学研究表明：人都有自尊的需要，个人的自尊心是一个人要求社会尊重的感情，是自我意识的表现。一个人有了自尊心，就能促使他爱护自己在集体中的合理地位，保持自己在集体中的荣誉。一项心理调查表明：后进生自卑感和自尊心更强烈，不当的言语刺激或是不公平的行径更容易令他们产生逆反情绪。所以，教师要采取恰当的方式合理地照顾学生的自尊。

据 2005 年 1 月 6 日《人民日报》报道，福建省福州市闽侯实验小学的 40 个"好孩子"日前在一场公开课上尽兴表演，赢得前来参观的福州市普教室及福州市五区八县小学老师的一致好评。但令人痛心的是，该班另外 29 名学生却无缘这场公开课，因为他们被视为"差生"，被老师留在班上做作业。据称，这是因该校老师担心"差生"坏事、为保全学校和班级的荣誉不得已而为之。

这种区别对待学生的做法很容易导致"优生更优，'差生'更差"，不利于学生健全人格的养成。因为这样不仅会伤害所谓"差生"的进步积极性，也会极大程度地助长所谓"好生"的自大心理，在学生之间人为地制造等级、差距。

电视连续剧《士兵突击》，一经播出就引起了社会极大反响，剧中"不抛弃、不放弃"的理念深入人心，发人深省，催人奋进。片中士兵许三多刚开始的时候总是被别人欺负，甚至在别人眼里就是一个傻蛋，人称"许木木、许三呆"，刚到部队时总是犯错误。然而许三多在班长的"不抛弃、不放弃"的理念下成功了，这就告诉我们教育下一代也要这样坚持公平地对待每一个学生。

在教育中教师期待的应该是"优生更优"，不应该是"差生更差"，期待的应该是每一个学生获得最大可能的发展。

成绩只能代表过去，污点也只能说明过去，根本不能意味现在和将来。教师永远不要戴着"有色眼镜"看待自己的学生。教育部国家总督学、著名教育家柳斌同志曾指出："学校要十分重视对差生的转变工作，转化一个差生与培养一个优秀生同样重要、同样光荣、同样有价值。"新课程改革纲要也提出："教师要尊重学生的人格，关注个体差异，满足不同学生的需要……使每个学生都能得到充分的发展。"新课程改革下教育要面对全体学生，要用发展的眼光看学生，多方面评价学生。将少数学生推到"差生"的行列里，这只会在一些成绩不太理想的学生的幼小心灵里埋下自卑的种子，甚至导致一个学生命运的改变。教师要有爱心，要善待每一个学生，要尊重、热爱每一个学生。

教师千万不要戴上"有色眼镜"来制造差生。教师要对每一位学生平等对待，照顾每个学生在不同情况下的自尊心，对每个学生都施以同样的关心、爱护，要树立新型的教育观，视学生为教育主体，给学生更广阔、更自由、更公平的发展空间，让神圣的教育阳光照耀每一株"幼苗"。

多一种选择

——不要被模式所迷惑

教育的目的是养成自己学习，自由研究，用自己的头脑来想，用自己的眼睛来看，用自己的手来做的精神。

1631年，英国剑桥商人霍布森从事马匹生意，他告诉顾客，你们买我的马、租我的马，随你的便，价格都便宜。但是，条件是只能在马圈的出口处选，而且只许挑最靠近门边的马。霍布森的马圈在本郡是最大的、马匹也是最多的，然而马圈只有一个小门，高头大马出不去，能出来的都是小马、赖马、瘦马。所以，不管顾客怎样做，所挑的马不是瘦的，就是赖的。霍布森的顾客挑来挑去，自以为选择的是最满意的，最后的结果可想而知——只是一个低级的决策结果。从表面上看，霍布森让人们有了很大的选择权，但其实质是小选择、假选择、形式主义的选择。人们自以为作了选择，而实际上思维和选择的空间是很小的。有了这种思维的自我僵化，当然不会有创新，所以它是一个陷阱。

从教育心理学关于自我选择的角度来说，霍布森设置的选择显然是教师的一大忌讳。哪位教师如果陷入这种选择的困境，就不可能进行创造性的教育教学。道理很简单：好与坏、优与劣，都是在对比中发现的，只有拟订出一定质量和数量的可能方案供对比选择，教育教学才能做到合理。

一个人在进行判断、决策的时候，他必须在多种可供选择的方案中决定取舍。在教师还没有考虑各种可供选择的教育方法之前，教师的思想是闭塞的，倘若只有一个方案，就无法对比，也就难以辨认其优劣。在某种程度上可以说，没有选择余地的选择，就等于无法选择、无法判断，等于扼杀创造。因此，对于教师，如果其头脑中总是要有多种教育方案，那么他就有很多种可供采用的备选方法，也才可以从中选择一种适当的方法。在这里，教育的辩证法正如一句格言所说的："如果你感到似乎只有一种选择，那很可能这种选择就是不该选的。"

心理学方面对于教师教学思路僵化的另一个方面的解释是这种教师往往进入了职业的倦怠期。一名教师的职业发展将经历新生期、平淡期和厌倦期等几个重要阶段。每一名教师在刚刚踏进教师行业的一段时间对这个行业都是存在着较高的热情的，但是随着教学时间的增加，每天都在面对已经讲了无数遍的知识和熟悉的环境，教师们心理上的新鲜感马上退去，刚开始的教学热情开始衰减，这就进入了平淡期。平淡期里残存的热情消退干净了，那么就进入了倦怠期。

进入教学倦怠期的教师，明显特征是教学热情不高、思路僵化、方式单一。这一时期是教师必然要经历的阶段，可能进入的时间有长短，结束的时间也因人而异。这个阶段，很多教师都倾向于对教学不作新的探索，而采取一种固定的模式，也就是上面提到的"感到似乎只有一种选择"。

"感到似乎只有一种选择"的情况，在教师的教育教学过程中，并不是只是进入倦怠期的教师有，其他教师中也存在这种现象。这种选择的困境是如何来的呢？主要与教师思维的"封闭性"和"趋同性"有很大关系。教师思维的封闭性，就是看不到教育教学环境的开放性。这种封闭性又必然带来"趋同性"，它决定了教师的思维活动总是朝着单向选择进行，不去寻找新的角度，不去开辟其他可能存在的途径。教师心理上长期积累这种封闭性和趋同性的思维方式，就会造成选择和实施创造性决策心理上的封闭意识和趋同意识结构，从而导致自己在教育过程中失去了自身的自由活力和创造精神，呈现出一种负面性的表现：单向选择性层面被激活，教师在本质上所固有的多样化、多层次选择性层面存在的可能被进一步取消。于是，单向选择也就扩散开来。

要避免在教育中只有一种选择的情况，教师首先要注意的就是要冷静地处理问题，不要急于"快刀斩乱麻"。在教育实践中，教师往往会遇到一些突发事件，对这些突发事件的处理往往都会关系到学生长远的发展。教师处理突发事件的出发点是要阻止事情向坏的方向发展，这时教师一定要注意处理问题不要局限于单一的形式，更不要急于在紧张对立的气氛下去解决问题。如果急于当时就解决，很有可能因处理不当造成僵局，使得师生发生冲突、关系恶化，教师的威信受到影响，更有可能使学生对老师产生厌烦和憎恶心理，不利于学生身心朝着健康方向发展。教师要相信学生有一定的判断能力，有自己的是非观，有处理问题的能力。学生的大脑里如果接收到教师这样的信息，学生一般会朝着教师希望的方向发展，这样就能轻而易举地把问题解决了。俗话说得好："心平气和才能言。"要弄清楚事情发生的来龙去脉，解决问题要选择最合适的办法。教师要维护学生的自尊，给学生台阶下，给学生选择的余地，给自己的教育留有选择的余地，这样才能把解决问题的主动权牢牢掌握在自己的手里。

一个学生打破了寝室的窗户，他的班主任知道后并没有立刻武断地认为该生是故意打破的，要他赔偿或者处分他。他走过去和颜悦色地问："有没有伤到哪里？"然后找人修好，接下来才去了解玻璃打碎的具体原因。事情的原因是，这位学生因为生病，在宿舍休息，准备去医院的时候，发现大门被锁，出不去，管理员也没找到，就想从窗户跳出去，结果把窗户打坏了。知道了这样的情况，当然处理起来就好办多了。

教师要避免陷入单一选择的困境还要注意对自己教学各个方面的学习研究。教师单一的授课模式往往会使学生陷入单一模式选择的困境，这样学生的聪明才智就不可能得到充分发挥，学生的内在潜力就无法得到充分挖掘，学生创造性的学习也就无从谈起了。

不论是否处于职业的厌倦期，教师都要注意调整自己的状态，其实教学并不是简单的重复，教师在这个过程中更要追求一种自我超越，超越昨天的自我，实现自己教学水平的提升。另外，教师在教学过程中，要重视教给学生学习的方法，使学生从"学会"转变为"会学"，培养学生获取知识、应用知识的能力，培养学生用所学知识，研究和解决实际问题的能力，进而激发学生的创造能力，促进学生的综合发展。

心急吃不了热豆腐

——切忌急躁心理

事业常成于坚忍，毁于急躁。

从前，有一个喜欢经常发脾气的小男孩，身边的人都拿他没有办法。他的父亲想了好久，终于想出了一个教育孩子的好办法。一天早上，这位父亲给了爱发脾气的小男孩一袋钉子，对他说："孩子，我不可能帮你改正你脾气急躁的性格，但是爸爸只希望你在每次发脾气的时候，就拿一个钉子钉到院子的篱笆上。"孩子想了想这有何难，于是十分爽快地答应了父亲的请求。

第一天，男孩钉了 28 个钉子。后面的几天，他学会了控制自己的脾气，每天钉的钉子也逐渐减少了。当袋子里的钉子快要用完时，男孩发现其实控制自己的脾气，要比钉钉子容易得多。终于有一天，男孩一个钉子都没有钉，他高兴地把这件事告诉了父亲。父亲说："从今以后，如果你一天都没有发脾气，就可以在这天拔掉一个钉子。"

日子一天一天过去，孩子用差不多一年的时间才把钉子全部拔光。父亲来到篱笆边上，对孩子说："儿子，你做得很好，可是你看看篱笆上的钉子洞，这些洞因为曾经被钉子钉过所以永远也不可能恢复原来的样子了！你对别人每发一次脾气就在他心里留下了一个伤口，像这个木桩上的钉子洞一样，虽然可以拔掉钉子，但是伤疤却没办法消除了。无论你怎么道歉，伤口总是在那儿。要知道，身体上的伤口和心灵上的伤口一样都难以恢复。"

急躁是一种常见的心理现象，这种性格既与人类遗传有着密切的关系，也受后天的生活环境影响。心理学认为急躁是人类个体在很想实现某个价值目标，但还没有准备好时容易出现的一种心理状态。一般情况下该价值目标相对高于自己的能力，但人们主观上又想马上实现它，这时人就会产生躁动不安的心理并引发急躁的情绪。做一名好教师，一定要除去急躁这块"心魔"。

当孩子3岁左右的时候，大人一提出要求，他们总会说"不"，甚至拒绝大人的干预和保护，是"不听话的孩子"。5～8岁的年龄段，这个时期的孩子最大特点是"顶嘴"，对父母的提醒和忠告常常用激烈的言语反击，是"越长越不懂事的孩子"。8岁以后，孩子对父母的依赖性减弱，是"心理断乳的孩子"，如果他们的行为得不到承认，独立性就会受到压制。

如果不了解学生的这些成长规律，就容易导致教育的盲目性。学生在成长的过程中，有诸多让老师看着不顺眼的地方，大家看书也很难找到一个实用的解决办法。遇到这些问题很多教师往往控制不住自己的情绪，采取武断的"快刀斩乱麻"政策。这个时候的教师作出的决策，与其说是教师本身的决定，不如说是由急躁的"心魔"做出的。教育中出现问题是很正常的现象，换一个角度可以说，这正是教师难得的塑造孩子人格的教育契机，这些机会不容错过。教师要用冷静的心态和恰当的教育方法对待孩子才是"正道"。

教师要克服急躁心理，并不是朝夕可达的，这需要教师首先摆正自己的心态，做一个善于倾听的教师。这里的倾听并不是说仅仅用耳朵听，还要用心来领会。

学生们天性率直，少有顾虑，大多能实话实说。当然，这也要求教师有民主的作风、谦和的态度，否则率直的天性也会被打压，让学生不得不说些不痛不痒、阿谀奉承的话。一位十分聪明的教师的做法是每天的早读课总要留出两三分钟，让学生来挑挑自己的"刺"。这种做法其实对于教师克服急躁心理很有帮助，当你第一次听到"老师，今天早上我在校门口看到你上衣有两个扣子没有系好"这样的声音时一定要学会忍耐和克制，学生这样做完全是好意帮你，很多时候并不带有成年人之间故意取笑的意味。这时你马上整理一下自己的上衣，并谢谢学生，这样才能体现出你高水平的道德和职业水准。倾听，让教师避免被急躁武断的情绪控制；倾听，让教师走进孩子的生活，走进孩子的心灵。

教师仅仅倾听学生还不够，同行的看法也一定不要忽视。当一个人由学生转变为教师之后，真正接受教育的机会就少得多了。其实大家身边的很多同行都是自己的老师，仔细地倾听他们的声音对自己的进步十分有益。尽管学历层次相近，但由于教育理念、生活阅历、经验积累的不同，教师在待人接物、处理问题上还是存在着很大的差距。倾听同行的声音不仅必要而且必需。尤其是刚执教鞭不久的年轻教师，稚气尚未脱尽，处事难免急躁，容易"出娄子"，往往是家长投诉的对象。

教师要克服急躁心理，还要达到倾听的最高境界，那就是倾听自己的心声。深夜，静静地坐在书桌旁，聆听来自心底的声音，那是一种多真切、多深刻的体验啊！孔子因"吾日三省吾身"，而成万世师表。叶澜教授认为，一个教师写一辈子的教案也许成不了好教师，而坚持写教育反思，不出一年就会成为好教师。

作为教师，大家也处于人生的悲欢离合之中，并非不食人间烟火的圣人，所以产生不良情绪是在所难免的。有句谚语说："谁也不会在吼叫的狮子面前舞蹈。"如果教师习惯于被急躁的情绪控制，在遇到问题时根本不愿听孩子说上几句话，甚至指望罚学生站上几分钟，把学生打一顿就能改变他们身上的不良习惯，反而往往不能达到教育的目的。这就好像人们总喜欢杀鸡给猴看来达到威吓的目的，但是事情的结局是这恰恰使猴子也学会了杀鸡。大家谁也难以保证自己的不良情绪不会对学生造成伤害，要知道不良情绪对学生的伤害的代价是惨重的，你也许再付出十倍的努力也难以消除学生的不良的情绪记忆和不良的情绪体验。

教师也许改变不了教育的整体环境，但可以改变自己；改变不了教育的残酷现实，但可以改变自己的情感和态度；你改变不了学生的过去，但可以改变学生的现在。想到了这些，每一位教师何不从现在开始行动起来，戒除自己的急躁心理，冷静地对待学生！

手心手背都是肉

——克服偏袒心理

其身正，不令而行；其身不正，虽令不从。

这里有一个"聪明"的教师教育学生的故事。

渊结和凌雨是初一（3）班的同学，而且他们更进一层地扮演着"同桌的你"的角色。但是在事情开始前，大家一定要明白两人的个性差别。渊结是一个十分调皮捣蛋的学生，平时不爱学习，而且经常给老师制造各种各样的"麻烦"。

一天下午的自习课，教师见二人都趴在桌子上睡觉，于是十分气愤地走过来。渊结首先被叫醒了："整天不学习，就知道睡觉！"渊结不服气地对老师说："凌雨也在睡觉，为什么不批评他？"这位"聪明"教师给出了一个"十分机智"的答案："人家学习刻苦，累了就休息一会儿，这叫做劳逸结合！"渊结一时无语，从此不再把这个老师的话当回事。

上面的故事告诉广大教师，对待学生千万不要存在偏袒心理。而心理学研究却表明，大多数教师都存在偏袒心理。

罗森塔尔和雅各布森对于教师"期待效应"的研究表明，教师往往对优秀学生给予正向期待，一般不作消极分析。而对那些"差学生"给予反向期待，一般不作积极分析。教师的这种心理又被称为"归因偏见"，将教师对其持有高期望的学生的成功归因为内在/稳定因素，而将其失败归因为外在/不稳定因素。相反，将教师对其持有低期望的学生的成功会归因为外在因素，结果不能激起他们的自我效能感，无激励作用；而他们的失败又会被归因为内在/稳定因素，这将进一步挫伤其自尊，并期待再次失败。

心理学上的"光环效应"，也是教师产生偏袒心理的重要原因之一。"光环效应"是指教师对学生某个特征形成固定印象后，很容易泛化到这个学生其他方面的现象。现实中人们习惯于用"一好百好""一俊遮百丑""爱屋及乌"来表示心理学上的"光环效应"。"光环效应"的反面就是如果一个教师对学生产生偏见那么往往倾向于全面否定他。如一位语文教师发现一个平时作文很差的学生，写出了一篇很漂亮的习作，他可能会习惯于说："你的作文大有进步，内容很好，文字也很通顺……不错，不错……是你自己写的吗？"这样存在认知偏见的评价，对学生显然不公。

要想克服偏袒心理教师就要培养自己的公正心态。教师的公正是指教师在自己的教育活动中对待不同利益关系所表现出来的公平和正义。它最多地表现在教师与学生的人际关系之中。教师公正或教育公正，是教师的一条至关重要的职业道德规范，中国古代就有"有教无类"的教育传统。下面是一位移民美国的华裔妈妈写的《教育感悟：有教无类蕴大爱》。

孩子满了一岁，问题开始出来了。她学说话、学走路都比同龄孩子的平均水平慢很多。儿科医生建议我带她去看专科医生，专科医生给她作了语言技能、动作协调技能、沟通技能三方面的有关测试后决定让她接受特别辅导。

此后，我的孩子——雪儿开始每周定时接受特别辅导，每一项技能由专门的老师上门教她。而这三位老师的薪水，由政府相关机构支付，我们没有花一分钱。这些老师风雨不误的辛劳，换来两年以后雪儿接受新一轮测试的结果，是她的各项技能已经达到同龄孩子的最低水平，这意味着她可以和普通孩子一起，如期进入公立学校接受系统学习。

于是，雪儿5岁也上了小学。至今6年过去了。学校每学期发回来的成绩单上，都没有班级或年级的成绩排名，我却几乎可以肯定，雪儿不会超过倒数第五名。但每次开家长会，她的老师们都说，这孩子很好，不用担心。每个期末她也有奖状拿回家，因为她憨厚善良，是学校里的"良民"。她照样每天清晨闹钟一响就起床，自己收拾打理好书包和午餐盒，高高兴兴乘校车去上学。

而这6年来，她在学校里一直比别的同学多一位老师，这位老师负责给她补课，确保她的各科成绩都能在及格线以上。雪儿迄今为止还是一个快乐单纯的孩子，这些与我们毫无瓜葛，一路上尽职尽责扶着她走过来的人们却功不可没。

我由此深深感激美国的公立教育体制，是这个体制本身保障了雪儿这样的孩子能够得到同等的受教育机会，同时不受歧视。

美国的教育之所以成为中国学习的榜样确实有很多令人佩服的地方，至少在对待孩子公正无偏见上我国还有很长一段路要走。教师无法改变整个国家在教育体制上存在的问题，但是却可以从自己的行动做起给孩子更多的公平公正的待遇。

教师要克服自己的偏袒心理就要不断地提升自己的专业教育技能。教育公正的实现不能仅仅是一种心理，而是要在教育实践中落实的法则。教师公正的实现，需要教师有较高的教育技能上的素养。

有一个处理作弊的例子说明了公正对于教育技巧的需要。一位教师在监考时发现一个学生抄袭了一道一分的题目。事后，老师在这个学生的试卷上打分为"100－1"。这位学生接到试卷后非常惭愧，立即找到老师，承认错误，要求老师将100分改回99。老师听后，在他的试卷上批了一个"99＋1"，并对他说："知错就改就行，以后要特别注意，这一分是对你能认识和改正错误的奖励……"在这一例子中，教师的公正得以真正的落实是与他有高超的教育技能这一教育素养分不开的。所以教育公正从某种意义上说，需要以教师高超的教育技能为铺垫。

克服自身的偏袒心理，教师还要注意提升自己的人生观修养。对待学生要公平公正大家都会说，但是行动起来却往往收不到预想的效果，这是什么原因呢？这里大家忽视了教师个人观念的巨大作用。教师如果没有一个理智地对待学生和自己的态度，那么克服偏袒心理、公正对待学生的一切内容都是空谈。

宽阔的胸怀和高度的使命感是教师必须具备的素养，做到这些还不够，教师在此基础上还要提升自己的自制力和抵制压力、坚持公正的勇气。公正看起来是一个很容易实现的道德原则，但实际上没有对教育事业的深刻领悟或使命感，没有无私奉献的情怀，不具备较高人生境界者很难完全实现公正原则。公正的含义之中，"公平"与"正直"是有一些细微的差别的，前者指对人对己都应当一碗水端平，而后者则是指一个人疾恶如仇、刚正不阿的品质。一个私心很重的教师很难做到教育公正。一个明哲保身、不能坚持真理的教师同样无法做到真正的教育公正。

威信不是权威

——避免权威心理

教师的威信首先建立在责任心上。

一个很著名的植物学家的儿子一天发现了一种自己不知道名字的小草，于是他拿着这株小草去问自己的老师。老师看到孩子拿着的这株植物，思考了好久都没有找到一个学生想要的答案。于是，这位谦虚诚实的老师便和蔼地对学生说："对不起，老师也不知道这株小草的名字。你爸爸不是很有学问的植物学家吗？你回家去向他请教一下吧！老师也很希望知道这小草的秘密！"

第二天，学生拿着小草到学校再次对老师说："爸爸说他也不太清楚小草的名字。他说老师您一定知道，可能是一时忘了，要我再来向您请教。"接着，这位学生递给老师一封信，说是爸爸叫他带给老师的。

老师拆开信一看，里面详细地写着有关这株小草的名称和特征的文字，最后还附有一句话："这问题由老师回答，想必更恰当。"

这个小故事至少给了大家深刻的启示：作为老师，对待学生的提问要坦诚，懂就是懂，不懂就是不懂，不要不懂装懂，盲目地维护自己的权威。故事中的植物学家可谓一个十分明智的家长，他的做法既帮助孩子解决了疑问，又帮助教师维护了威信。

教师应不应该树立自己的威信？怎么树立自己的威信？这些问题一直以来困扰着广大教师。对于缺乏威信的教师，学生甚至会对他教授的正确知识产生不信任感。教师在学生中建立自己的适当威信是十分必要的，没有威信的教师很难得到学生的信赖。教师在教育教学中一定要注意运用适当的方法树立自己的威信。下面是我国著名教育学家陶行知先生"四块糖果树威信"的故事。

陶先生为了贯彻自己的教育思想，曾在育才学校做校长。一天，他看到一位男生想用砖头砸同学，就将他制止，并责令他到校长室。学生对于陶先生的命令并不怎么服气，只是迫于无奈地服从。陶先生回到校长室后，看见那个男生已在等候。他掏出一块糖递给他："这是对你的奖励，因为你按时来了。"接着又掏出一块来："这也是奖给你的，我不让你打同学，你立即住手了，说明很尊重我。"男生将信将疑地接过糖果。陶先生又说："我了解过了，你打那个同学，是因为他欺负女生，这说明你很有正义感。"说完，掏出第三块糖给他。这时，男生哭了："陶校长，我错了，同学再不对，我也不该打他。"陶先生又拿出第四块糖说："你能认错，我再奖励你一块。现在，我的糖已经给完，我们之间的谈话也该结束了。"

这位学生被陶先生的教育所感动，而陶先生并没有对这位同学施加任何耳提面命的惩罚式教育。他运用自己独特的方式维护了自己在学生中的威信。

心理学认为威信分为两种：一种是由不可变因素（如传统、职位、资历因素）构成的权力性威信，另一种是由可变因素（如品质、才能、知识、感情等因素）构成的人格性威信。一般来说，年龄较大的老教师因为教学经历丰富、资历高等更容易获得学生的尊敬。对于年轻教师来说，不可变因素构成的权力性威信还不能在一时之间具备，但对人格性威信起着决定作用的品质、才能、知识及心理健康等，只要注意修炼，就可以通过自己不断地学习、探索而提高，从而获得学生的信赖。

李老师是一位刚刚参加工作的青年教师，学校为了大力培养年轻教师作为接班人才，给李老师安排了初一某班的班主任工作。李老师因为刚刚开始自己的教育生涯，年轻又有激情，工作非常负责。为了让自己的学生"听话"，他对学生要求十分严格，凡是班里的事情，只有等他亲自过问以后才可以做。班里的学生都要绝对服从他的意志和命令。一个学期结束，辛辛苦苦、起早贪黑的李老师却在考核中被学生评价为不合格的班主任，小伙子的工作热情被打击得达到了"冰点"，怎么也想不明白自己的问题在哪里。

论付出，李老师比其他老师都要多，他每天都是看着学生离开后才回家；

论细致，李老师对学生的关心可谓细致入微；论授课，李老师上课激情飞扬，同样很受大家喜欢。其实一问学生便知道李老师的问题所在，不合格班主任的评价来自于他事必躬亲的工作态度，这样的一种管理让学生感觉自己一点自由的空间都没有，他们整天感受的就是老师的权威阴影。

初入教师行业的年轻教师，不缺乏热情和精力，但是在做班主任工作时却常常事倍功半，原因何在？这些教师因为自己年轻很怕学生因此而轻视自己，所以极力想尽办法维护自己的权威。而如果教师的这种权威心理超过了一定的限度，就很容易导致学生对他的畏惧和不满。

心理学分析表明，在小学低、中年级阶段，学生由于认知水平有限，科学的世界观、人生观和价值观还没有开始形成，社会认知较低，依赖性较强，往往对教师言听计从，很少产生逆反心理。而在小学高年级和中学阶段，学生的认知水平已大大提高，世界观、人生观、价值观和民主意识、独立意识开始形成，对许多事物和现象开始或已经有了自己独特的认识。这些认识都是他们在成长过程中，通过反复观察、学习、分析和综合而逐渐习得的，一般不容易改变。这一阶段的学生遇事较有主见，往往以"自我"为中心思考和处理问题。在这一时期，学生的认识与教师的认识一致时，由于受教师"权威"的影响，他则被教师认为是听话的"好"学生。反之，他则被教师认为是不听话的"坏"学生，这类学生就容易产生逆反心理。

对这类敢于"挑战教师"的学生，教师往往感到头疼，有时候甚至为了维护自己所谓的"权威"，不分青红皂白便对学生进行打压，使其遭受不应有的挫折。现代教育学认为，学生遇到问题拥有自己独特的认识和见解，正是现代教育的目标之一。

教师在教育中树立威信的方法其实并不难，只要大家注意在以下几个方面下工夫便可出现"问渠哪得清如许，为有源头活水来"的效果。

教师首先要切记威信的树立方法有很多种，并不是只有几种固定的模式。陶行知先生的故事告诉大家，其实并不是非得用惩罚或者批评的手段才能让学生知道教师的权威。陶先生用奖励照样可以达到教育犯错误的学生，树立自己威信的目的。

另外一点需要所有教师注意的是，一定要摆正心态。教师确实有一些管理学生的权力，但这并不是说教师对学生可以采用专制的态度。如果教师想通过凌驾于学生之上的特权来建立自己的威信，那么往往会适得其反。只有采用民主的态度对待学生，尊重他们，才能真正赢得学生的尊重。

教育是最具人性之美，最有艺术性的工作，需要教师用心灵去塑造心灵，良好的教育对学生的一生有深远和不可估量的影响。教师在树立威信的过程中切记避免过度注重权威的心理。

过犹不及

——把握好教育中的"度"

当人过度的时候，最适意的东西也会变成最不适意的东西。

度，在汉语中是尺和法的意思。在哲学上讲的是质与量的关系，说的是在界限里，量的增减不会引起质的改变，但要是超过了界限的量的增减，就会引发质的变化。物极必反，也是这个道理。把握度，就是把握界限，把我们所把握的对象、事情限定在一个最佳的质的范围之内。

一个人有一匹骆驼，他总是想让骆驼为自己驮更多的草回家。这个狠心的主人为此经常让骆驼筋疲力尽才罢休。有一次，他向骆驼身上一捆捆地放草，已经放十捆了，看到骆驼依然很轻松，便加快了放草的速度。这时，骆驼的腿颤抖了。这个人还在贪婪地想，多驮一棵草也好啊，随手又向骆驼身上放了一棵草。没想到，骆驼立即倒下了。是最后一棵草的重量压倒了骆驼这个庞然大物吗？不是，是因为加上最后这棵草的重量，便超越了骆驼承受的极限。

细想起来，这个故事的道理极其深刻又很寻常，它试图告诉人们，凡事勿过头。月盈则亏，水满则溢，潮起潮落，花开花谢，事物发展到极致时就要转化。然而，世人明白这个道理容易，做起来就难了。

心理学指出某种外界刺激在刺激人的机体过多的时候，人就会出现自然的逃避倾向，这种心理反应是人类出于本能的一种自我保护。在受到外界的刺激过多、过强或作用时间过久的情况下，由于人的自我保护心理，人会产生厌烦或逆反情绪。

这告诉我们，人的心理承受都有个度。当外界刺激控制在一定范围内，人的心理能够承受这个刺激，就会产生好的效果；当外界刺激超过这个度的时候，人的心理往往就承受不了这个刺激，这时，人的心理就会产生逆反效果。

美国著名幽默作家马克·吐温有一次在教堂听牧师演讲。最初，他觉得牧师讲得很好，使人感动，准备捐款。过了十分钟，牧师还没有讲完，他有些不耐烦了，决定只捐一些零钱。又过了十分钟，牧师还没有讲完，于是他决定，一分钱也不捐。到牧师终于结束了冗长的演讲，开始募捐时，马克·吐温由于气愤，不仅未捐钱，还从盘子里偷了两元钱。

马克·吐温之所以会从最初的感觉很好到最后的厌烦，就是因为这个牧师在演讲中没有考虑到听众的承受心理，只是从自己的角度出发，超出了听众的心理承受的度，使最初的令人感到很好变成了厌烦。

这种不注意把握尺度的情况在教育中时常发生。如当学生犯了错误的时候，教师会一次、两次、三次，甚至四次、五次地对一件事作出同样的批评，使学生从内疚不安到不耐烦到最后反感讨厌。学生被"逼急"了，就会出现"我偏要这样"的反抗心理和行为。因为学生一旦受到批评，总需要一段时间才能恢复心理平衡，受到重复批评时，他心里会嘀咕："怎么老这样对我？"学生挨批评的心情就无法复归平静，反抗心理就加剧起来。

为什么学生会产生这样的心理反应呢？我们知道，第一次挨批评时，学生的厌烦心理并不太大，但是第二次被批评后，厌烦度往往就会倍增。如果又有了第三次、第四次……那么批评的累加效应就会更大，厌烦心理往往就会以几何级数增加。这就是为什么学生的心理会演变为反抗心理，甚至达到不可调和的地步。

可见，教师对学生的批评不能超过限度，教师过分的批评，并不能起到预期的效果。应对学生就事论事，一次错误就批评一次。如果非要再次批评，那也不能简单地重复，要寻找新的角度，换种学生可以接受的说法。这样，学生才不会觉得同样的错误被"抓住小辫不放"，厌烦心理、逆反心理也会随之减弱。

教育心理学研究表明，教师没有必要对学生有错必究。学生由于其身心发展水平较低，认知能力、思维水平以及自我控制能力都比较差，犯一些小错误是难免的，也是情有可原的。如果对其要求过于苛刻，不管学生是什么原因，犯了多大的错误，都对其进行过度的批评，势必产生负面效果，使学生的心理受到创伤。

孔子曰："过犹不及。"批评要注意尺度，其实奖赏和赞扬也是有度的。教师如果一味地赞扬就可能得到与自己的设想相反的结果。

有这么一个教学案例，一个学生上课时总是调皮捣蛋，自己不认真听讲，还影响他人，各科老师上课总是批评他。时间长了，批评根本起不了作用。这时候，班主任想了一个方法，让各科教师将对他的批评改为表扬，发现他身上的闪光点或者有任何的进步，立刻对他大加赞扬。开始还真有了效果：这个学生受到感动，表现有了很大的进步。可是后来突然有一天，当教师以同样的方式表扬他时，他却大为恼火，说："我已经有了进步，这还不够吗？我还能怎么样！"

为什么会出现这种情况呢？

原来，他以前总是挨批评，所以当听到老师的表扬时，在心里就觉得老师真的是看到了他的优点。后来，当教师把这种表扬不断重复地进行了一段时间后，他觉得老师的表扬缺乏诚意，而且其中许多是有意拔高，脱离了实际情况。由此他便认为，教师并不是发自内心地表扬自己，名义上表扬，实际上是让他注意这些方面，有明褒暗贬之意。因此，终于有一天，在他再也忍无可忍的情况下，出现了上述的极端行为。

可见，教师在教育的任何方面都应该注意"度"，如果"过度"就会产生"超限"，如果"不及"又达不到既定目的。因此，教师一定要掌握好"火候""分寸""尺度"，该放手时就放手，该不说的就不说。只有这样，才能"恰到好处"，才能避免"物极必反""过犹不及"等现象的出现。

对学生的教育要"点到为止"，切不可穷追猛打，要研究学生的心理，抓住教育的要领，选择最佳的教育形式；要运用教育的智慧和科学民主的方法，去建造一架沟通的心灵之桥，这样才能使成长中的学生把教师当做自己真正的良师益友，接受教师的教育，使自己健康发展。适度的教育才能进入"此时无声胜有声"的境界。

不做雕刻家

——不要刻意去雕刻学生

　　每一个学生都是自己的艺术品，教师不是要用刻刀去雕刻这些艺术品，而是要让这些艺术品自己去发展，自己去展现出内在的美。

　　在我们的教育中，经常可以听到老师抱怨："如今的学生越来越难管了，管严了，学生就反抗；管松了，纪律涣散，教学成绩落后。"管学生，在教师的意识里是很正常的事情，学生在学校就要接受教师的管理，就要按照教师设定好的教育教学方式来发展。"管"学生，没有错。但是，教师的"管"不能把自己设定好的模式强加给学生，让学生按照自己设计的模式来发展。

　　过去，同一座山上有两块相同的石头，三百年后发生了截然不同的变化，一块石头成为人们眼中大自然的完美艺术品，受到人们的欣赏和敬仰；一块石头却成为普通的路边石，被人搬来搬去，还经常受到践踏、污损。一次，路边石头极不平衡地说道："老兄呀，三百年前，我们曾经同为一座山上的石头，今天却有了这么大的差距，我的心里特别痛苦。"艺术品回答道："老弟，你还记得吗？三百年前，曾经来了一个雕塑家，当时，你一心想着求变、求美，想着让别人的雕刻帮你尽快实现这个愿望。雕刻家在你身上用锤子砸、钢锯锯、刻刀刻、砂布磨……很快，你变漂亮了，但是你却不知这种漂亮只是暂时的。外在的雕刻破坏了你自然生长的规律，看似完美的打磨实际上打乱了你内在的构造和纹路。这样雕刻成的漂亮是经不起时间的考验的。很快，你身上开始出现了裂痕，雕刻而成的美丽图案也渐渐失去了初时的光彩。随着时间的流逝，由于内在结构的破坏，你最终失去了作为石头原有的生命力，被人打磨而成的艺术品毕竟不是自身长成的，你也就又成了一块普通的石头。而我当时没有经过雕刻家雕刻，完全是在自然坏境中经过风吹日晒、大雨浇淋，保持了原有的发展规律，不去刻意地改变什么，所以今天的我是最真实的我，是最具有生命力、艺术力的我。"路边石听了这一席话，既惭愧，又后悔。

路边石头和艺术品这两块本来相同的石头，为什么三百年后会发生如此大的变化呢？也许你会回答是雕刻家的"功劳"。其实我们仔细分析，就会发现，两块石头之所以发生这么大的变化，是因为它们各自选择了不同的发展道路，雕刻家起到的只是一个外在的作用。

教师千万不要成为学生的"雕刻家"，对学生进行"锤子砸，钢锯锯，刻刀刻，砂布磨……"事实上，每个学生都是一件值得欣赏的"艺术品"。学生想成为什么样的人，完全取决于学生自己的选择，教师无法改变他们，只有学生自己能改变自己。教师要做的事是放大学生美好的、积极上进的一面。当学生受到污染时，为他们除去污渍，鼓励他们积极地面对人生，对自己负责，做自己命运的雕刻家。

教育心理学研究表明：学生的发展必须遵循其自身发展规律。教师可以追求，但不应过分苛求，更不是挖空心思地、无所不用其极地让学生按照自己的设想来发展。教师要提倡学生发展个性，但并不是揠苗助长，更不是一相情愿地追求空中楼阁。因为健康发展的前提是解放，健康发展的目的是自然和谐，而不是用尽心思地克制意欲求发展。所以对于学生个体的发展，教师应该是"每天爱你多一点"，而不是"我的爱溢出就像雨水"。

教师在教育中要转变教育观念，广泛推广新的教学模式，培养学生的自主学习能力和创新能力，真正推进素质教育，使教育成为"为了学生"的教育，"以学生为本"的教育。哈佛大学有句名言：一个人的成功与失败不在于他的能力和经验，而在于他的思维方式。思维指导行动，行动影响习惯，习惯形成品格，品格决定命运。要想每一步走得稳，走得快，就要自信，就要有良好的思维习惯。每个学生都是天使，每个学生都有自己的天赋，所以教师不能用自己的思维方式来要求他们。例如，有的学生喜欢出风头，标新立异，按传统的教育观念，这些都是不好的行为。但是，现代的教育理念就认为这样的学生有创新意识，有独立思考的个性，现在社会没有创新意识怎么行呢？有的学生爱管闲事，有时候会因此和同学发生冲突，老师批评他，家长也批评他。他爱管闲事说明他有为大家服务的想法，或许是想当班干部。教师就应该把他想当班干部的意识保留住，不能一概否定，要教育他：想当班干部就不能总和别人发生冲突，要靠智慧。

学生是活生生的生命个体，他们的成长有其自身的规律和主动性，而且，他们的思维能力已经有了一定的发展。所以，教师要尊重他们，不要把自己的好恶强加于他们，肆意进行雕刻。在教育教学中，教师不要刻意要求学生，要让他们轻松上阵，按照自己的道路来发展。比如，在作文教学中，教师可以引导学生畅谈自己的见闻和感受，教师要善于发现学生畅谈中的独到之处，点拨学生从不同角度、不同感受去确定写作内容，这样学生写出来的作文就会达到一种自我满足的境界。如果教师是在指导刚接触写作的低年级学生时，切记不要急于求成，也不要要求太高。对低年级的学生来说，他们词汇量不多，社会阅历浅，而作文是需要从他们的生活中所接触的事物和事件的见闻开始的。所以，在指导学生自主作文练笔时，教师应注重指导学生去实践劳动，去观察身边的人，观察自己喜爱的事物，去听自己喜爱的故事，观察自己最喜欢的自然美景；让他们介绍自己，介绍自己的家，介绍爸爸、妈妈，介绍自己最喜爱的玩具，自己最杰出的作品；让他们说说自己的梦、自己看到和听到的故事；写写自己最满意的一件事、最伤心的一件事……慢慢地，学生就走上了自我表情达意的写作之路。正如一位成功的教育家所说："教师的高明在于隐身于学生的背后，不是为学生设定一个个目标，而是帮助学生去完成他们自己设定的目标。这样学生就会沿着自己设下的正确轨道前进，感受到主动探索、主动发现的乐趣，这才是成功的教学。"

孙中山曾说过："历史大潮，浩浩荡荡；顺之则昌，逆之则亡。"历史规律如是，学生的个体发展规律也是如此。如果教师刻意地去对学生进行雕刻，一定要把自己的意志强加给学生，那么等到"长风破浪无有时，折戟沉沙在眼前"时，教师拿什么来拯救学生呢？

肖川说过："教育的过程就是一个不完美的人引领着另一个（或另一群）不完美的人追求完美的过程。也许我们始终只能在现实与理想之间徘徊，然而，我们眺望着理想的高地，我们不屈服于现实；我们也会有暂时的休憩和沮丧，但我们永远怀着寻找精神家园的冲动，且吟且行。"

成功教师的基本要求

——平常心最重要

非淡泊无以明志，非宁静无以致远。

什么是平常心？平常心是一种心理态度，这种态度主要包括两个方面的内容：一是尊重规律和规则，尊重客观现实，遇事不高估或低估自己的能力；二是做事时既要积极主动、尽力而为，又要顺其自然、不苛求事事完美，有一份从容淡定的自信心。拥有平常心的人只求做好每天要做的事情，享受生活，享受做好每一件事情所带来的快乐，他们往往有足够的力量去承担到来的挫折和痛苦。

三伏天，禅院的草地枯黄了一大片。"快撒些草子吧，好难看啊！"小和尚说。"等天凉了。"师父挥挥手，"随时。"

中秋，师父买了一大包草子，叫小和尚去播种。秋风突起，草子飘舞。"不好，许多草子被吹走了。"小和尚喊。"没关系，吹走的多半是空的，撒下去也不会发芽。"师父说，"随性。"

撒完草子，几只小鸟即来啄食。"要命了！草子都被鸟吃了！"小和尚急得跳脚。"没关系，草子多，吃不完！"师父继续翻着经书，"随遇。"

半夜一场骤雨。一大早，小和尚冲进禅房："师父！这下完了，好多草子被雨水冲走了！""冲到哪儿，就在哪儿发芽！"师父继续打坐，眼皮抬都没抬说，"随缘。"

半个多月过去了，原本光秃秃的地面长出了许多碧绿的青苗，一些未播种的角落也泛出了绿意，小和尚高兴得直拍手。师父点点头，"随喜。"

上面故事里师父的这份平常心，看似随意，其实却是洞察了世间玄机后的豁然开朗。为什么现实社会里很多人没有这份平常心呢？为什么这些人在心境上反复振荡于浮躁、得意、狂喜、傲慢、迷茫、不安、沮丧、焦虑、恐惧甚至绝望之间呢？其实原因很简单：当他们还是一张白纸时，被灌输了急功近利的成就导向。

平常心是一种冷静、客观、理智、忘我的心态。在当今社会化的教育活动中，教师的平常心十分必要。教师的这种心态应该建立在爱心和责任心的基础之上。因为爱心是一切教育的基础，责任心是工作取得成功的保障。然而，有很多极具爱心和责任心的教师，工作却不尽如人意，甚至得不到学生的理解和尊敬。原因何在呢？因为这些教师缺少了建立在爱心和责任心基础上的平常心。一位缺少平常心的教师，往往会对自己和学生提出过高过严的要求，也因此失去了耐心、冷静和理智。平常心影响着教师的心理状态，是决定教育成败的重要因素。因此，为了把工作做好，教师应该拥有一颗平常心。

教师的人生价值取向不被功利所熏染是获得平常心的关键。教育工作是纯洁高尚的事业。工作的目的是为了使学生健康成长，而不是教师个人去追名逐利。如果教师把名利看得太重，就会患得患失，斤斤计较；就会对学生的缺点无法容忍，犯急躁病，简单粗暴地对待学生，导致学生的对立；就会把不好的情绪带入工作之中，责任心减弱；甚至会把气撒在学生身上，恶化师生关系。一个被名利扭曲了心灵的教师怎么能教育好学生呢？

9月10日，这个日子本来是一个十分普通但又伟大的日子，这天很多教师都会收到来自学生的祝贺和问候。但是，在一个普通的小县城，这却演变成了学生父母给某位高三班主任送礼的大比拼，很多家长带着名牌烟酒，有些甚至还带了电器和珠宝。这位人民教师在每年的教师节前后几天都十分忙碌，这当然不是在忙学生和自己的家庭私事，而是在忙着收受来自家长的贿赂。

很多教师都以此为标准来衡量学生对自己的尊重程度，并且以此来决定自己对学生的好恶。这个学校历来都有这样的传统，虽然这是一个升学率极高的"名牌"中学，但是这里的学生真的能得到"全面"的教育和发展吗？

现代社会中教师的功利心并不仅仅是收受家长的贿赂问题，许多教师的职业道德水准始终处于教育境界的最低层次，把教育纯粹当成了自己谋生的手段。他们关心的不是一个个活生生的人的成长，而是把学生当成满足自己功利心的工具。为了获取较高的升学率、平均分，为了让学生给自己争面子，教师一味地要求、强迫学生，欺骗学生，不顾学生与自身健康地加班加点，要求学生用成绩来回报自己的奉献与付出。这些教师把教育爱变成了一种教师与学生的交换，这种充满功利色彩的对爱的交换，是对教育爱的亵渎，更是对学生心灵的一种摧残。

每个教师都希望自己的学生能够成才，成为国家栋梁，这种期望并不是功利心的表现，这是真正的教师对学生的爱。但是，如果教师把学生当成自己获取名利的工具，那么这样的教师无疑是不会获得学生的真正爱戴和尊重的，这样的教师根本不爱自己的学生。他可能是在辛勤工作，但是他做这些的唯一目的就是为了他自己。这些教师在心理学上被称为拥有自私心理的教师。这样的教师往往在经历几次"挫折"之后，就丧失了对教师职业的激情，而陷入消极的人生之中。

教师要想获得一颗平常心，就必须剔除沾染在自己心理上的功利心。这样的教师才是真正具备对学生"大爱"的教师。

教师应真正领悟平常心的意义，并以此作为人生准则，从中获取无限的欢乐与满足，做一个永远幸福的人。其实，平常心的内涵博大精深，一个拥有平常心的教师，看似平常，其实并不平常。

做自己的主人

——教师要调节好自己的情绪

体育和运动可以增进人体的健康和人的乐观情绪，而乐观情绪却是长寿的一项必要条件。

情绪是伴随着认知产生的，是对客观事物和主体需求之间关系的反应，是一种态度体验。人在认识世界和改造世界时，并不是无动于衷的，人们对周围的事物、他人和自己的行为，常常抱有不同态度。一些现象使人愉快，另一些现象使人悲哀，某些现象使人愤怒，还有一些现象会使人恐惧。愉快、愤怒、恐惧和悲哀都是常见的情绪体验。这些情绪是人对客观现实的反应，产生的根源在于客观现实的本身。人没有无缘无故的爱，也没有无缘无故的恨。情绪是反映事物与人的需要之间的关系，它是以需要为中介的反映形式。所以，并不是所有的客观事物都能引起人的情绪，只有与人的需要有关的事物，才能引发人的情绪。一般说来，当人的需要被满足时，会引起肯定的情绪体验，如愉快、高兴等；当人的需要不被满足时，则引起否定的情绪，如愤怒、恐惧等。

教师是否拥有一个健康的情绪状态对学生有着巨大的影响。一个拥有健康情绪的教师往往可以给学生提供合情合理的人性化教育，这有利于学生的健康成长；而如果是一个经常拥有不健康情绪的教师，那么学生往往会受到教师这些不良情绪的伤害或者影响。

娜迪亚·科马内奇是罗马尼亚著名的女子体操运动员。她在体操运动的历史上曾经创造出很多奇迹。1975 年，13 岁的科马内奇就击败比她年长 10 岁的世界冠军，创下欧洲最年轻全能冠军的纪录。1976 年在第 21 届蒙特利尔奥运会上，年仅 14 岁的科马内奇在规定动作上荣获奥运会历史上第一个满分。当时电脑化的电子计算表，只能记录最高分数 9.90 三个数字的分数，因此科马内奇的满分只能以 1.00 的分数来代替 10.00 分数。科马内奇以高难度的空翻、连接动作和后来以她名字命名的下法获 7 个满分（10 分），一举夺得个人全能、平衡木、高低杠 3 个项目的金牌。自选动作成绩达到 39.70 分，创奥运会体操史上的先例。而这些荣誉的后面还有一个大家不知道的故事：

在罗马尼亚西比乌举行的一次全国体操少年组比赛中，科马内奇从独木小桥——平衡木上接连掉下三次，她心头布满乌云，双眉紧锁地走到场边时，迎接她的，不是教练卡罗里责难的目光，却是温和的微笑。比赛结束后，在西比乌车站上，卡罗里买了矿泉水，并为每个队员倒了半杯，大家都仰脖喝了，唯有科马内奇忧心忡忡，牵挂着失手之事而小口小口喝着。火车马上要开了，可是卡罗里并没有催促。因为他懂得，此刻哪怕是一句语气较重的话，都会刺痛她的心。可以说，科马内奇日后之所以能成为世界体坛上叱咤风云的人物，这和教练对她的尊重和信赖，以及在特定场合下的"温和的微笑"不无关系。然而，尊重和信赖绝非姑息纵容，它和严格的要求紧密相伴，这应是教师健康理性情绪的重要内涵。一回到训练馆，卡罗里就仔细分析总结比赛情况，严肃指出科马内奇三次失手全是马虎所致，而不是慌张造成的。接着，他充满热情地要求她从"在哪里掉下来就从哪里开始练起"。在科马内奇看来，此时教练的每一句话像真理一样令人信服。

在这个成功的世界冠军后面有一位善于控制自己情绪的好教练。其实很多成功的人士后面常常都会有一位拥有良好情绪的"老师"。

一堂好课，教师的心情必然是良好的，他精神焕发地走上讲台，以精练简洁的语言、生动形象的比喻、丰富切实的例证、工整适量的板书讲授课堂内容；学生则能聚精会神地听教师讲课，并开动脑筋认真思考，踊跃发言。在现实的教学过程中教师都会遇到各种问题，此时，教师的情绪在问题解决过程中往往会起很大的作用。

一位特级语文教师在作文课上，发现班上有些学生抄作文选上的词句段落。面对这一情况，这位教师并没有怒气冲冲地叫这些学生谈话或者训斥他们，他想到的是别使这些学生感到有压力。于是，他开始以赞赏的口吻谈到这次作文出现了不少描写景物的佳句，在逐渐消除这些学生紧张心理之后，他才和颜悦色地问："为什么相同的句子会同时出现在几篇作文上呢?"他这种亲切自然的态度,使课堂气氛既和谐又严肃。

情绪可分为积极情绪和消极情绪。积极情绪使人精神饱满,奋发图强,充满活力;消极情绪则会使人灰心丧气,委靡不振,产生惰性。大多数教师对自己的情绪向来不太注意,认为这是天生的或者微不足道的。下面是一些"细心"的学生总结的关于教师情绪的一些细节描写:

1. 教师的脸上写着情绪。如果老师是干净光鲜,有色泽则心情好,反之则心情差。如果男教师脸上有指甲印,又明显不是猫抓的,那你就要小心了,此时任何小事都会成为他发火的理由。

2. 从穿着看教师的情绪。如果老师一向讲究而最近突然不拘小节,衣冠不整,说明他的老婆很久没有给他洗衣服了,是在冷战期。这时候你做事要小心,偶尔要体现关怀,他会感动的,说不定考试的时候偷偷给你加印象分。

3. 教师到学校的时间也表现出他的情绪。如果老师提前到校,并若有所思,说明在家受气了,懒得待在家,早早出来。

4. 看眼睛。如果老师的眼睛通红,还戴着墨镜,要么是掩盖"战斗"留下的痕迹,要么是掩饰内心的伤悲,要么是做了什么违心的事儿。这时的他最胆小,你考试的时候胆子可以大一些,说话的时候要注意一些,避免的词汇有:虚伪、伪君子、河东狮吼、亏心等。

5. 看住所。如果老师平常爱住自己家里而最近老住学校的破宿舍,那不是说老师最近工作忙或者为辅导学生方便,此时最有可能的是他根本回不了家。这是老师最心灰意冷的时候,识相地离他远点,不要傻不拉叽地真去问他学业上的问题,虽有可能解答,其实是恨不得吃了你。

6. 看走路。人逢喜事精神爽,人逢祸事肯定蔫儿。老师健步如飞那是高兴,老师走一步退两步一定有心事,不是被老婆骂就是被校长整,再不就是被"斑竹"删帖子了。这时,老师虽然走路没劲儿,但骂起你来一定精神抖擞!

7. 看文章。老师高兴的时候会让你们读"天晴了,很好的太阳"之类的文章,没说的,那肯定是心情爽。如果让你读《丧家的资本家的乏走狗》之类的文章当然心情恶劣。

8. 听声音。如果没看到上述重要情节,听听声音也可判断一二,声音悦耳当然是高兴;声音沉闷、悲伤、忧郁、愤怒,就是不爽了。如果连这你都听不出来活该你挨整了。

看了上面学生的绝妙总结，作为教师的你对此作何感想？你最想知道的大概就是怎么才能获得一个健康和理智的情绪。其实健康的情绪并不难得，只要你注意一些小细节：

第一就是注意自己的饮食营养，多锻炼身体。也许大家觉得这些和健康的情绪无关，但是你要想到虚弱多病的身体不仅会使你的情绪不佳，而且还会使你干任何工作时都感到力不从心。

第二就是记住一个经典哲理："不要因为别人的错误来折磨自己"。生活在社会上很难避免遇到别人的冷嘲热讽或者流言飞语等，人很多时候不得不面对别人的情绪失控带给自己的伤害，这个时候你需要提醒自己牢牢记住这个道理。

第三是"人生在世不如意事十有八九"。现实生活中很多人追求完美或者期待结果与自己的设想一样，这是典型的完美主义者，也是悲剧人物。他们生活在不良情绪里，不是生活亏待了他们，而是他们对生活要求太高了。

最后，也是见效最快的一点：教师自己要学会发现问题，适时调整，避免把不好的情绪带进课堂。一般情况下，无论是在课前还是在课堂上教师对自己的不佳情绪是能够体会到的，一旦你发现自己的情绪不佳，就要注意应适时调整，不要让其再继续下去。如课前发现自己的情绪不佳时，可以通过静静地坐一会儿，想想一些开心的事等方式转移一下自己的注意力，调整自己的情绪；课堂上由于偶发事件使自己情绪不佳时，要暗示自己，努力控制自己的情绪，也可以稍稍加以停顿，这样既可稳定情绪又可调节课堂气氛。

第六篇：

用教育心理学打造日常教学新亮点

日常教学是教育中最重要的活动，也是学生获取知识最直接的来源。为了使日常教学不再使学生觉得枯燥乏味，教师要运用教育心理学知识在其中打造出更多、更好的新亮点，来调动学生学习的积极性。

联想心理、色彩心理、幽默心理、细节教育、从众心理、动机心理、"自圆"心理等，这些都是我们在日常教学中可以利用的心理因素。教师要能够清醒地认识自我、认识学生，把这些心理因素利用好，使之发挥最大的教育潜能，使学生更有兴趣，更积极主动地学习。

我是教师

——要清楚地认识自我

清楚地认识你自己，全方位地把握好你自己。

自我，是伴随着个体的社会化产生的，自我的形成与发展又推动着个体的社会化。每个个体都有独特的自我。自我是个体心理的特殊形式，是人脑对个体自身以及对自身与外部世界关系的能动反应。

古代有则笑话：一位解差押解一位和尚去府城。住店时和尚将解差灌醉，并剃光他的头发后逃走了。解差醒时发现少了一个人，大吃一惊，继而一摸光头转惊为喜："幸而和尚还在。"可随之又困惑不解："可我在哪里呢？"

这则笑话在一定程度上印证了诗人苏东坡的两句诗"不识庐山真面目，只缘身在此山中"，即人们对"自我"往往难以正确认识。从某种意义上讲，认识"自我"比认识客观现实更为困难。所以，鲁迅有一句流传很广的名言："人贵有自知之明"。

我们必须知道：自我，既令人十分熟悉，又常常令人困惑，也就是这么一个"熟悉的陌生人"。"自我"往往被人熟视无睹，似乎远在天边，神秘缥缈得很，然而又的确是每个人"自己手中的东西"。

教师在教育教学过程中，常常强调要去多了解学生，却往往很少去了解自己。这其实是教育的一个误区：了解学生固然重要，但教师不去了解自己又怎么去了解学生，又怎么去进行教育教学活动呢？所以，认识自我同样重要。教师只有既了解学生也了解自己，才能有助于增进师生之间的感情，才能找到更适宜的教育教学方法。

最近，国外有关专家设计了一组具有代表性的测验题。如实回答这些"考题"，可使你对上述问题得出基本的结论，基本了解你自己是否被"苏东坡效应"牵着鼻子走，掌握你的"自我"及你对它认识的实际状况。这些"考题"如下：

1. 你的情绪是否时常变动？

2. 你对别人的友情能保持多久？

3. 你购买廉价或处理商品，是否常超出自己的需要？

4. 你守信用吗？

5. 你是否轻率地结识异性朋友和定下约会？

6. 你对自己购买的东西常能满意吗？

7. 你是否轻率地对人或事下定论？

8. 你从事的工作是否常有疏误？

9. 你是否有你已不再喜欢的老朋友？

10. 你的生活习惯正常吗？

11. 你是否常凭初次印象判断人？

12. 你能认真地写信给他人吗？

13. 你是否因做错事而感到不安？

14. 你平时遵守交通规则吗？

15. 你在阅读书刊或文件时，对注解常忽略过去而成为习惯吗？

以上考题答案的计分规则是：1，3，5，7，9，11，13，15题，回答否定记1分；2，4，6，8，10，12，14题，回答肯定记1分。

结果分析：

得分为11分以上者，说明"自我"是比较成熟的；

得分在8~10分之间者，说明"自我"是部分成熟的；

得分在5~8分之间者，说明"自我"是不够成熟的；

得分在5分以下者，说明"自我"是相当幼稚的。

通过上面的小测试，大多数教师都应该对自己有一个更为清晰的认识。教师的自我角色意识，其实并不是一成不变的，大家可以通过一些相关方法提高自我意识。

这里给大家最重要的一个提醒就是，作为教师要经常学会自我反思。反思是一种很好的自我提升手段，作用十分巨大。

夏朝时候，一个背叛的诸侯有扈氏率兵入侵，夏禹派他的儿子启抵抗，结果启被打败了。他的部下很不服气，要求继续进攻，但是启说："不必了，我的兵比他多，地也比他大，却被他打败了，这一定是我的德行不如他，带兵方法不如他的缘故。从今天起，我一定要努力改正过来才是。"从此以后，启每天很早便起床工作，粗茶淡饭，照顾百姓，任用有才干的人，尊敬有品德的人。过了一年，有扈氏知道了，不但不敢再来侵犯，反而自动投降了。

上面的故事告诉我们，反思真的是一件很厉害的武器，只要好好利用它，甚至能像夏启那样不战而胜。

反思是一个很重要的学习方式，只有在不断地反思中，教师才能找到自己与他人的差距，才能明白自己需要努力的方向，也只有在反思中，教师才能不断地提高自己，认识自己。教师要通过反思让自己的教学去适应所有的学生，而不是让学生适应自己，反思应是教师课堂教学效率提高的一条很重要的生命线。在课堂教学中，教师首先要做到知识的科学性和正确性，教师要善于补充自己的知识，积累自己的能量，当这种知识能量的积累达到一定程度时，给学生带来的就是丰厚的科学知识。另外教师的反思不妨深入到自己课堂教学的细节处，在每一个小细节里提升自己。

另外，教师还要反思自己的日常教学活动对学生的思想、观点、立场会产生什么影响。在平时的教学活动中，教师的一言一行都会对学生的品行产生影响。在这一层面上，教师在反思自己给学生带来思考、思维等良好的学习习惯时，更为重要的是反思自己育人的成效。例如，当我们的学生不会做题时，我们教师不仅要教给学生怎么去做题，怎么去理解运用知识，更为重要的是教会学生在面临困难时，要勇往直前，不退缩，有坚强的意志！教师要反思自己教学的每一环节是否能给学生带来最大的收益。一节课的好坏，不在于你怎么去雕刻，而在于给学生带来了多大收益。为了更好地服务于学生，有些老师在课堂教学中，特设了评课这一环节，即由学生来评价这一节课，指出好的地方在哪儿，不足的地方在哪儿，怎样改进会更好。

　　教师的自我反思是自我提高的重要途径，能够帮助教师更好地认识自我。教师要跳出"自我"这个圈子，突破"自我"的局限，通过与别人行为及优缺点的比较，来获得对"自我"的认识。在反思的教育中，在认识自我的过程中，教师一定要树立这样的观念：真正的教育不仅使学生受到启发和收获知识，而且还可以使教师在这个过程中不断地认识自我、超越自我。

放飞教学思想

——用联想心理开展教学

联想是思维运动之关键，将观察、记忆、想象、创造，串成一个连续不断的思维活动，使创造之河在人类的生活中源远流长，永不枯竭。

联想是指因一事物而想起与之有关事物的思想活动：由于某人或某种事物而想起其他相关的人或事物；由某一概念而引起其他相关的概念。它是一种由此及彼的思维过程。联想是联系眼前的事物与以往曾接触过的相似、相反或相关的事物之间的纽带和桥梁。通过联想，可以从眼前的事物生发开去，由一点发散到另一点。

在有些电视节目中，曾有人做过所谓奇特的记忆表演。一般都是在舞台上立一块黑板，然后随意让观众说出一些词语、数字、节目名称、公式、外语单词等，并按序写在黑板上。表演者在这一过程中不看黑板，但他却能根据观众的要求准确地讲出其中任意一项的内容，甚至还能把全部内容倒背出来。

这种表演看起来十分神奇，其实这种记忆方法并不难。它是表演者在运用自创的一套记忆编码，比如，①—鼻子，②—眼镜，③—手表，④—衣服，⑤—鞋子，⑥—裤子……并熟练地记下来，然后通过联想与要记的材料相连接。比如，要求你记住这样几个词：①大象，②打气，③洗澡，④电风扇，⑤自行车，⑥水……这样你就可以把大象与固定编码的第一号鼻子联系起来，联想到大象有长长的鼻子。要记住第六个词"水"时，把它与裤子产生联想——水把裤子弄湿了。

通过这样的联想，记起来就不困难了。

学习是枯燥的，知识的记忆是单调的，如果教师能够采用联想的方法把知识趣味化，学生的学习就会变得简单多了。

很久以前有位教书先生，喜欢到山上找庙里的和尚喝酒。他每次临行前留给学生的作业都一样：背诵圆周率。开始的时候，每个学生都苦不堪言，背诵起来极其困难，错误也很多。

后来，这位先生就启发学生，让大家想想能不能有什么简单方法把这么多的数字简单化。学生们都大眼瞪小眼，一时也没有什么好的办法。这时，这位先生微笑着说道："其实这么多数字是很难去背诵，但也不是说就没有办法背。之所以没有把简单的方法开始就告诉你们，是想看看你们自己能不能去发现。现在让我们把圆周率的数字与平时接触的情境联系起来，编成一段顺口溜：山巅一寺一壶酒（3.14159）尔乐苦杀吾（26535）把酒吃（897）酒杀尔（932）杀不死（384）乐尔乐（626）……"

这位先生从自己平时的日常行为出发，展开联想，把烦琐的圆周率数字一下子就简单化了，学生们再背起来就没有先前那么吃力了，正确率也大大地提高了。

教育心理学研究表明，学生对新接触的知识有一种紧张感，如果新知识是很枯燥难懂的，学生就会产生一种排斥心理，不会主动地去接受；而如果新知识是丰富的、有趣的，学生对新知识就会感兴趣，就会产生一种强烈的学习欲望，希望能够尽快学习到新知识。

学生学习得来的知识都是靠记忆保存在大脑中的。各门学科的学习都需要进行大量知识的积累，这不仅是考试的需要，更是拓展学生知识面，开阔学生视野，提高学生人文素养的需要。没有知识的积累，能力的提高和发展将如同空中楼阁，无从谈起。因此，记忆对于学生来说，是很重要的。教育心理学家认为：如果一个学生失去了记忆，他将会发生什么情况呢？他既不能学习，又不能劳动，甚至不能形成最简单的熟练。因此，教师在教学中，必须展开丰富的联想，把知识趣味化、生动化，把最容易记忆的知识呈现给学生，让学生轻松记住知识。

下面是一个学生写的一篇回忆文章，题目是《难忘的一课》：

上午放学前，生物老师给我们布置了一项特殊的"作业"：每人到田野里去捉几只蝗虫下午带来。"捉蝗虫！老师让我们捉蝗虫干什么？捉蝗虫和上课难道有什么关系？"同学们个个莫名其妙，议论纷纷。哎，真不知老师葫芦里到底卖的什么药。不过说起捉蝗虫，那可是我儿时的拿手戏。所以放学后，我轻而易举地捉到了好多只。

下午，我带着自己捉到的几只蝗虫来到学校。刚进教室就听到小宁用他的大嗓门发表着自己的见解："我看呀！蝗虫是靠这条后腿跳起来的。""不！它是靠翅膀飞起来的。"王海反驳着。再看看同学们，他们的课桌上都放着一只瓶子，里面盛着许多蝗虫。它们的形状、颜色各异，在瓶中"嘣嘣"地跳跃着，真是可爱极了！我也仔细观察起蝗虫来。"哎？怎么有的蝗虫有翅膀，有的却没有呢？真是奇怪！"我自言自语道。"在这儿呢。"同桌说。只见在那只蝗虫的背上有一对萎缩的小翅芽，原来是这样。同学们谈得津津有味，都不知不觉地对这小东西有了兴趣。生物老师走进教室，看到同学们的议论满意地点了点头。

"丁铃铃……"上课铃响了。老师面带微笑走上了讲台，在黑板上写下了"蝗虫"两个字。噢！原来我们今天要上这一节课呀。老师让我们捉蝗虫是为了让我们观察、认识蝗虫。老师和蔼地说："蝗虫，对于我们大家来说，并不陌生，请同学们看一段片子。"随后，老师利用"多媒体投影机"播放了一段关于蝗虫的片子。同学们都目不转睛地看着。原来，蝗虫的身体分为：头、胸、腹三部分。后腿有发达的肌肉可以跳跃……没想到这小东西竟然这么厉害！

为了证实蝗虫后腿的作用，老师拿出一只蝗虫。用棍轻轻一戳，顿时，随着"噔"的一声响，这只蝗虫用后足在桌上一蹬，跳到了对面的课桌上。还不断地扇动着翅膀，似一只打了胜仗的大肚将军。"真厉害！""跳这么远啊！"同学们互相议论着，赞叹着。之后，老师把这只蝗虫的两条后腿掰断，再用棍一戳。嗬！这只刚才还威风凛凛的蝗虫，现在却像一个败阵的将军，垂头丧气，只能在课桌上爬来爬去。"哈哈哈！……"同学们个个笑得前仰后合。原来蝗虫后腿的作用这么大呀！

"下面请同学们猜猜它腹部小圆点的作用是什么？""有呼吸作用！""是它的产卵器。"……同学们争先恐后地回答着。"我们来做一个小实验，请同学们认真观察，看它到底有什么作用。"老师说着，拿起半瓶清水，把一只蝗虫的腹部放进了水里。"仔细观察！"大家伸长脖子，睁大了眼睛，盯着老师的每一个动作。教室里鸦雀无声，大家将信将疑地等待着。过了几分钟，老师松开手，说："快看有什么变化？"嗨！那只蝗虫竟死了。这时，我才知道它是蝗虫的气门，是气体出入身体的门户。因为在水中蝗虫无法呼吸而窒息死亡。没想到小小的蝗虫竟有这么多学问。

"下面请同学们自己结合课本，观察蝗虫，认识蝗虫。"教室里，同学们议论纷纷、各抒己见。时不时响起一阵阵笑声，在课堂中回荡。

"丁铃铃……"的下课铃结束了这堂趣味盎然又令我难忘的生物课。

教师的联想其实并不是天马行空，只要在上课前做好准备，找准学生感兴趣的切入点，课堂上多一些师生的有效互动等教学的技巧，那么很多时候学生就会对课堂产生兴趣，进而对你所教的学科产生学习的动力。

"凡事预则立，不预则废。"教师在教学中掌握联想的方法不是一朝一夕的事，这需要教师展开想象的翅膀，经常去锻炼。相信我们都能成为创造奇迹、创造成功的人。

让课堂亮起来

——将色彩心理学运用于课堂

色彩是人们生活中接触最多的东西，也是影响人的心理情绪的一个重要因素。如果教师能够掌握色彩的功用，把色彩对学生的心理功效运用于教学中，将对学生的学习起到意想不到的效果。

人类存在的这个世界，是一个万物组成的世界，光与色、形与声构成了这个世界的基础。色彩，这种运动着的物质现象，不仅为人们认识世界，也为人们去创造性地表现生活提供了重要的审美途径。人与自然界其他生物一样，接受了不同色彩，心理就会产生巨大或微妙的差异，这种影响通过人体的生理机能，产生不同的心理反应，从而影响人们的行为。

在英国伦敦泰晤士河附近有一座桥，起初桥的颜色是黑色的，它因每年在桥上自杀的人数惊人而闻名，后来人们将它改成了绿色，自杀人数剧减。有专家分析，如果将它改成粉红色、天蓝色等更明亮的色彩就可能使自杀人数趋于零。

以前的黑板是黑色的，为什么现在改成了墨绿色？

将黑板的黑色改成墨绿色的目的是从学生和教师的视觉效果出发：黑色的黑板与白色的粉笔对比明显，会给学生的视觉带来强烈的刺激，加上课本也是白纸黑字，学生每次在书本与黑板两者之间的转换会给视觉带来负担。把黑板由黑色改为墨绿色，可以减轻书本与黑板和黑板与白色粉笔带给学生的视觉差异。

色彩，有自己的思想，有自己的情感。人们可以通过使用不同的色彩来表达自己的心情。现代社会高速发展，生活节奏越来越快，使得人们的生活方式、价值观念以及行为模式都发生了相应的变化。如果人们不能适应这种变化，那么紧张、压抑、苦闷和迷茫的情绪就会随之而来。桥的颜色之所以要由黑色变为绿色，黑板的颜色之所以要变成墨绿色，都是利用了色彩对人的心理的影响功效。这些色彩上的变化都起到了积极的作用，如自杀人数的下降，学生学习效率的提高。

心理学研究表明：人的视觉神经受到不同色彩的刺激会有不同程度的反应，人的中枢神经的机能会由于不同色彩的光波通过人的视觉系统传入大脑皮层而发生一系列的变化，会对人的生理、心理产生很大的影响，不但影响人的视觉神经，还可以影响心血管系统、内分泌机能、中枢神经系统的活动，引起不同的生理、心理反应。例如，它会使人的肌力、血压、心跳、情绪和应变能力等发生不同的变化，从而影响人的心理和行为，而这种影响往往是被影响者自己察觉不到的。

色彩这种能在不被察觉的情况下就作用于人的心理的这一特点，在教育教学中起到不可忽视的作用。

有位优秀的老教师，平时多是穿深颜色的衣服。有一次要讲朱自清先生的名篇《春》时，考虑到课文的内容和设计的教案的需要，为了在上课时让气氛更加活跃，于是换了一套绿色的上衣和暗红色裤子相配的装束，结果收获了意想不到的成功。"盼望着，盼望着，东风来了，春天的脚步近了……"优美的文字加上恰到好处的服饰，给学生带来了极佳的视觉和心理效果。平时课堂上严肃、沉闷的老师，现在一下子让学生觉得活泼、开朗、和蔼可亲得多了。"春"的绿色，衣服的绿色，给人一种温暖、明亮的感觉，让学生觉得春天真的来了。同时，教师的这种耀眼的色彩，在学生统一穿着校服的教室里显得格外引人注目，使学生的注意力一下子都被教师吸引了。这样的课堂，学生学习效果的提高是显而易见的。

这位教师在教学中巧妙地将衣服的色彩与课文的内容相结合，运用色彩的改变来抓住学生的学习心理，取得了良好的教学效果。

在教师的教育教学中，色彩所起到的影响主要有以下两个方面：

首先，色彩的作用不为人所直接看到，不易捕捉，这一特点使得学生不容易分心。色彩搭配很奇异的教室，容易使学生分心，所以不提倡把教室布置得五彩缤纷，但可以适当改变教室的色彩。教室的颜色要避免高浓度、低明度、纯彩色和整体色彩单一化，宜采用低浓、高明或浅亮的颜色。

为什么教室里桌椅以黄色的居多？这是基于颜色对心率的影响而考虑的。科学研究证明，在淡蓝色房间里，人的脉搏减慢，同时，淡蓝色可降低高烧病人的体温；在红色房间里的受试者脉搏加快，血压、呼吸等也发生变化，狂躁病人在粉红色房里，能很快心平气和甚至安睡；只有在黄色房间里，人的脉搏才正常。因此，用黄色作为占教室主体的桌椅的颜色是十分合理的。

学校提倡学生穿校服，同样基于色彩对心理的影响而考虑。统一的衣着不会让人产生凌乱感，会给人一种整体美，有助于学生在课堂集中注意力。

其次，色彩可以通过老师的教学设计来影响学生。比如，在情景教学中，教师将各种美丽的图片设计成课件，学生的情感就容易被激活，把学生心里的学习欲望激发出来；教师在教学生认识几何图形时，用颜色鲜艳的卡片做成各种图形，放在墨绿色的黑板上形成强烈对比，形象尤为突出，能加深学生对图形的认识，这比只在黑板上画出各种图形的效果好很多。

教师正确地使用颜色对调节学生的心理状态有着神奇作用，诱导着每一个学生的学习心理。任何颜色都有它的正面影响和负面影响，教师要把握色彩对学生心理的积极作用，学习之，运用之。

注：一般情况下颜色的象征意义

红——血、夕阳、火、热情、危险；

橙——晚霞、秋叶、温情、积极；

黄——黄金、黄菊、注意、光明；

绿——草木、安全、和平、理想、希望；

蓝——海洋、蓝天、沉静、忧郁、理智；

紫——高贵、神秘、优雅；

白——纯洁、朴素、神圣；

黑——夜、死亡、邪恶、严肃。

从外到内

——全方位把握学生的学习动机

　　动机是推动人从事某种活动，并朝一个方向前进的内部动力，是为实现一定目的而行动的原因。动机是个体的内部状态，行为是这种内部状态的外在表现。

　　引起动机的内在条件是需要，引起动机的外在条件是诱因。驱使有机体产生一定行为的外部因素称为诱因。凡是个体趋向诱因而得到满足时，这种诱因称为正诱因；凡是个体因逃离或躲避诱因而得到满足时，这种诱因称为负诱因。

　　人的动机分两种：内部动机和外部动机。内部动机就是来自自身内部的动机，如自己喜欢做某事；外部动机则是来自外部因素的动机，如为获得表扬奖励而做某事。二者都是因为某种事物而引起的一种特殊的心理状态。如果按照内部动机去行动，人就是自己的主人。如果驱使人行动的是外部动机，人就会被外部因素所左右，成为它的奴隶。

　　在小区的空地上，停放着一辆报废了的汽车，小区里的孩子们每当晚上便攀上车厢蹦跳，嘭嘭之声震耳欲聋，大人们越管，孩子们蹦得越欢，搞得大家都很无奈。这天，一位老人对孩子们说："小朋友们，今日你们比赛，蹦得最响的奖玩具小汽车一辆。"孩子们听了欢呼雀跃，争相蹦跳，获胜者果然得到了奖励。

　　孩子们很高兴，第二天又来了，一如既往地嬉闹。这位老人又来到车前，说："今天继续比赛，但是由于我的收入有限，只能少给一些。奖品为一袋花生米。"孩子们见奖品没有前一天的优厚，纷纷不悦，蹦跳也没了前一次的积极，声音稀疏而弱小。

第三天这位老人又对孩子们说："今日奖品为糖果两颗。"孩子们勃然大怒："才两颗糖果，知不知道我们多辛苦！"他们向老人发誓，他们再也不会在破汽车上玩了！

在这个故事中，老人的做法很简单，他将孩子们的内部动机"为自己快乐而玩"变成了外部动机"为得到奖励而玩"，而他操纵着奖品这个外部因素，所以也操纵了孩子们的行为。

教育教学也是如此。学生学习也有内部动机和外部动机。学习内部动机是指学生对学习本身的兴趣所引起的动机，动机的满足在学习活动之内，不在学习活动之外，它不需要外界的诱因、惩罚来使行动的方向指向目标。

故事中的老人，就如同是教育中的教师，而玩具汽车、花生米、糖果等就是学生从教师那儿得到的各种外部奖励。

学生的情绪之所以容易出现波动，是将外部评价当做了参考坐标。因为，学生控制不了外部因素，这就很容易让学生偏离内部期望，产生不满，从而牢骚满腹。学生由于不满和牢骚等负性情绪的影响而痛苦，为了减少痛苦，学生就只好降低内部期望，最常见的方法就是降低学习的难度。

因为教师对学生都有一种控制欲，所以学生会形成外部评价体系。教师太喜欢使用口头抑或物质奖惩等控制孩子，而不去理会学生自己的动机。久而久之，学生就忘记了自己的原初动机，做什么都很在乎外部的评价。好奇心和学习的快乐——学习的原初动机，学生就会忘记。

尽管教育理论对内部动机的偏爱超过了外部动机，但实践中普遍地还是采用后者。研究发现，为外部奖赏而学习的学生更关注迅速获得正确答案，相对而言，有内在动机的学生倾向于努力采取更深入的、更有意义的学习方法，而且倾向于更独立的学习。研究表明，外部动机可以逐渐损坏内部动机。

心理学家斯坦伯格用一个例子生动地说明了这一点。一年夏天，斯坦伯格9岁的儿子自告奋勇地要替他剪院子里的草。他感到非常高兴，因为自己不喜欢而儿子倒喜欢干这事。于是，他高兴地答应了，儿子果真替他把草剪了。事后，斯坦伯格觉得有点内疚，因为儿子替自己白做事没有拿钱，所以给了儿子一美元作为工钱，儿子很感激。到第二年夏天，斯坦伯格再叫儿子去剪草时，儿子却说："当然可以，但是今年我剪一次要两块钱。"虽然他跟儿子解释通货膨胀没有达到100%，不能过一年就涨一倍，儿子仍不接受。最后，双方各退一步妥协了，但儿子心中一直愤愤不平，认为自己受了欺负，吃了亏。儿子第一次愿意免费剪草，因为他喜欢剪草。一旦付给他钱，他就认为他是为钱而做。这样，外部动机强过了内部动机，以致使他忘记了他曾喜欢过剪草这件事。

外部评价系统是一种外在的影响，教师完全可以打破它，帮助学生培育自己的内部评价体系，让学生明白学习是为自己而学。

教师必须让学生的内部学习动机和外部学习动机同时得到开发，重点挖掘学生的内部动机，重视以外部动机来促进、推动学生的内部动机。内、外统一紧密结合，才是教育的成功之道。

孔子说："知之者不如好之者，好之者不如乐之者。"布鲁纳在他的《教育过程》一书中首次提出内在动机的概念并倡导发现学习，认为发现学习有助于使外来动机向内在动机转化。他认为最好的动机莫过于学生对所学材料本身具有一种内在兴趣，具有发现的兴奋感和发现的自信感。学生把"有所发现"作为学习的主要任务，使学生有可能把发现本身作为一种自我奖赏而推动自己的学习活动。

小志是一名初中一年级的学生，平时对英语学习没有什么兴趣，感觉那就是死记硬背一些单词，一点意思都没有，成绩也就很差。英语老师注意到自己所教的班里有这么一名男生之后，就认真观察和了解小志的个性和特点。无意间发现他对航模感兴趣，上课时总在摆弄各种飞机模型。老师便跟他一起设计、制作航模，鼓励他参加航模比赛，并找一些有关的书籍让他看。

但是当小志看航模书时却遇到了问题，其中有一本印有精美图片的英文原版航模书令他爱不释手，却看不懂上面的文字。这时他发现了学习英语的重要性，悟出了学好英语的价值。从那儿以后，小志对英语学习非常用心，成绩不断提高。

上面的英语老师就是注意了学生动机的培养，他利用外在的关于航模的英文书籍成功激起了小志学习英语的动机。这样的教育要比外在给他施加大量的压力和直接教育要好得多，因为学生的内部动机才是问题的关键所在。教师与其苦口婆心地对学生讲道理，不如借助外部环境间接培养学生的内在动机，效果往往是事半功倍。

教师认识到内在动机的重要性并不是说要忽视外在动机的作用。外在动机对于学生往往也起着很大的作用。外在动机多是由外在强化引起的，它根据强化方向的不同分为正强化和负强化两种。

正强化也叫积极强化，建立操作反应时，有机体作出一个正确反应后，如果随之呈现某种使有机体愉快的刺激物，有机体的操作反应概率增加，则该刺激物产生的作用称为正强化。其过程是呈现或施加愉快刺激的过程。如给食物、进行表扬等。这时所呈现的刺激如食物、表扬叫做正强化物，它们通常是一些人们所喜爱的或有价值的刺激，当这些刺激伴随在某一行为之后出现时，就会使行为发生的频率或持续时间增加。例如，教师在夸赞某位同学字写得好，那么他就会更加注意练习自己的书法。

负强化也叫消极强化，建立操作反应时，针对有机体的不正确反应施加某种使之不愉快的刺激，当有机体终止不正确反应或做出一个正确反应后，便撤走该刺激物，于是有机体终止了不正确反应或正确反应概率增加，那么该刺激物产生的作用称为负强化。其过程是消除使有机体感到不愉快的刺激的过程。如给予电击、进行批评等。这一被消除或被避免的刺激如电击、批评叫负强化物。当这些刺激在某一行为之后，立即被除去时，就会使该行为发生频率或持续时间增加。教师经常会在上课前遇到吵闹混乱的景象，这时你就告诉大家："既然大家那么喜欢说话，那么我们就让你们多聊一会儿，咱们取消下节课的休息时间来上课。"这时教室里很快就安静了下来。这就是负强化。

动机是学生进行学习的前提。教师必须保护好学生的学习动机，重点是发挥内部动机，引导外部动机，用外部动机来促进内部动机，内外动机相结合地来教育学生。

在最恰当的时候

——把握教育的最佳时机

机不可失，时不再来。

在教育学生时，时常听到有的教师说：我不是没有教，而且还很努力地去教，讲了不少的道理，嘴皮子都快要磨烂了，学生听的时候，什么都懂，甚至比我还懂，可真正做的时候，又完全是两码事了。哪里出了问题呢？认真想一想，我们就会发现，根本的问题就在于，教师比较注重如何去教育学生，而通常会忽略学生的接受心理，没有注意在何种时机下去教育才能取得更好的效果，也就是说教育学生的时机选择上出了问题。如果在教育学生时选择了最佳的时机，适时地对学生进行引导和教育，往往能收到事半功倍的效果。

有一个班新来了一位插班生，该生的父母经常不在家，所以自己平时很自由，经常迟到，有时候甚至就借故请假不来上课了。老师对他进行了多次教育，可是怎么说他都无动于衷。有一天，他又没来上学，还打电话告诉老师，说肚子痛上不了学。老师在电话中叮嘱他要好好休息，不要乱吃东西。一放学，这位老师便买了菜，亲自到他家，做午饭给他吃。此时此刻，大家可以想象那位同学所受到的心灵震撼。后来，那位学生再也没有发生迟到或旷课的事了。

这位老师的成功，就在于及时地把握了最佳的教育时机，在最合适的时机给予了学生意想不到的心灵震撼。不管那位学生的病是真还是假，老师都可以收到应有的效果。如果是真的，他会为老师真挚的关怀所感动；如果是假的，他也会被感动，还会产生内疚心理，觉得自己对不起老师。试想，如果老师没有在这个最佳教育时机有这样的教育行动的话，那位学生迟到、旷课的现象什么时候才能克服呢？

有这样一种现象：不少学生在星期一上课时往往精神疲惫、注意力分散，教师在这个时候进行教学，效果往往不能令人满意。心理学家经过分析，认为：在假日中，学生在心理上开始自我放松，原来紧张有序的学习生活被悠闲随意的玩乐所取代，于是，晚睡晚起，精神不振。到了星期一，学生的心理状态和生物钟还没有及时调整过来，结果不少学生出现了在星期一注意力分散、记忆力差、纪律散漫等现象。这种现象在每天的早上和下午第一节课中也常会出现，在假期过后的开学那段时间尤为显著。教师如果注意到学生的这些现象，就要认真分析学生的接受心理，把握学生接受教育的最佳时机，调动学生学习的积极性，使得这种现象的影响降低。如教师在学生注意力不集中的时候，不要急于进行正常的课堂教学，可以先说个和课堂有关系的小故事、小笑话，帮助学生把精力集中在课堂，使学生的注意点集中在教师身上，等学生的注意力回来了，再进行正常教学，这时候的教学效果就要好得多。这也是教育时机选择的问题。

教育学生不是一件简单的事情。教师在对孩子进行教育教学的时候，要想取得良好的效果，就必须处处留心、洞察学生的学习心理，根据不同的问题选择和运用最合适的方法和手段，在最有效、最易发生作用的时间里，去研究和把握教育的最佳时机。

1. 在人生的转折点进行教育。学生一生中会有很多个转折点，如小学升初中，初中毕业进入高中等。这时学生往往会有一种新鲜感、希望感，容易产生强烈的"从头开始""好好学"这样一个美好的努力的愿望，内心都渴望进步，希望能以一种新的面貌、新的形象开始新的学习和生活，并具有一种得到教师、家长或别人承认和肯定的内在动力。这种内在的动力，往往伴随着"良好的开端是成功的一半"的心理而驱使学生，即使是平时纪律比较散漫，学习不够努力的孩子，也会在一段时间里表现得守纪与努力，令人有一种"焕然一新"的感觉。这时教师如能给以及时的鼓励和有效的督促，就能使学生以一种崭新的学习姿态开始学习生活，并能"旗开得胜"。

2. 在学生犯错时进行教育。学生犯了错误，大多时候会意识到自己错了，特别是犯了一些后果较严重的错误时，学生在内心上往往是后悔不已，会产生畏惧感、负罪感和内疚感。此时，他们比平时更能听得进不同的意见，也容易虚心地接受批评。教师及时对学生进行教育，在充分理解、同情和体谅的基础上，帮助学生总结经验教训，循循诱导，就会有很强的说服力，学生往往比较容易接受。如一个学生平时在学校不守纪律，一次放学后在教室玩火，结果烧了起来，幸亏同学发现后及时扑救，才没有导致严重的后果。看到被烧坏的课桌，学生痛哭流涕，后悔万分。教师趁机教育他要遵守纪律，从此以后他果真成了一名遵纪守法的好学生。相反，教师若抓住学生"闯祸"的辫子不放，横加责罚，没完没了，就会适得其反，使学生产生逆反心理，破罐子破摔，无心思改。

3. 在学生心情愉快时进行教育。学生在学校受到老师表扬时，或者考试取得了好成绩时，或取得某种成功时，他们的心情都比较愉悦。此时是指出学生在平时出现不足之处的最佳时机。教师可趁机向学生指出其存在的问题，让他继续努力，取得更大的进步。一般说来，学生都会乐于接受。

4. 当学生的合理需要得到满足的时候进行教育。学生常常在学习和心理上有各种需要，希望能从教师那里得到满足。如果是合理的要求，教师在满足学生需要时，可及时向学生指出一些希望和要求，学生就会愉快地按照教师的期望去行动。如一个班上的同学想在放学后和其他班级进行一场足球赛，老师同意了他们，但是对他们说："正常的体育活动大家要积极参与，但是该学习的时候不能耽误学习，马上要考试了，大家都要抓紧时间。"这时候学生就容易接受老师的话，教育效果也是最有效的。

5. 当学生的思想发生激烈斗争的时候进行教育。学生的思想道德和意志品质是在思想斗争中正确的战胜错误的、进步的战胜落后的矛盾运动过程中不断得到提高的。所以学生常常在形形色色的事情面前表现出各种思想斗争。这时教师如能及时引导点拨，学生很快就会认识到错误，牢牢把握正确的思想。

在我们的教育教学中，学生会出现各种各样的问题，如骄傲、犯错、苦恼……随时把握学生思想的脉搏，根据学生心理需要，把握教育时机，呵护学生的心灵，激发学生的进取精神，具备这样教育机智的教师才是一个有心的教师，才是一个好教师。苏联教育家马卡连柯说："教育纯粹是一门艺术。"愿我们每位教师都能成为匠心独具的艺术大师，触动人类灵魂的心弦，刺激之、兴奋之、鼓励之、安慰之，让教育达到"润物细无声"的效果。最后，让我们以这几句话共勉：

多一分理解，少一些批评；

多一分宽容，少一些苛求；

多一分鼓励，少一些埋怨；

多一分尊重，少一些责罚；

多给学生一点魅力，少给学生一点压力。

笑一笑，乐一乐

——把幽默带进课堂

教育家最主要，也是第一位的助手，就是幽默。

教育是心灵的教育，幽默是教育心理的一种重要手段，教师风趣幽默的语言必将使学生受到潜移默化的影响。学生都喜欢幽默的教师，这样的教师能给学生以亲切、平易近人的感觉，能让学生从心里接受这名教师，接受教育。教师若能够"妙语连珠"地在课堂上多些幽默，有助于教师恰到好处地把握学生的学习心理，引出所要议论的课题；有助于教师创造明快欢乐的课堂气氛；有助于教师巧妙地摆脱某种意想不到的窘困与尴尬；有助于教师对症下药，及时缓解学生的紧张心理。

新中国成立前，老上海有位教授叫姚明辉，体弱清瘦，却总是宽袍大袖。入冬畏寒，姚教授总是头戴大风兜，远看只露出一双眼睛，一个尖尖的鼻子，一撮翘翘的山羊胡子，颇有点滑稽。一天上课，教授刚走进教室，就看见了黑板上不知谁用漫画笔法画了一只人面猫头鹰，那人面活像姚教授的脸。姚先生立定看了一会儿，毫无愠色，拿起一支粉笔，一本正经地在漫画旁写道："此乃姚明辉教授之尊容也。"大家大笑，姚先生也笑。那位恶作剧的漫画作者舒了口气，对教授更加敬佩。姚教授这种机智的幽默，显然比严词训斥更具感召力。

对人类大脑研究发现：令人愉快的幽默可以改善学习效果，而且可能提高学生记忆能力的 15% ~ 50%。当一个人快乐的时候，能带给大脑更多的氧，并释放肽，从而使人愉快。幽默可以创造一个更积极的情感"气候"，温暖学生，吸引学生，使学生成长。

从心理学的角度看，幽默是一种心理防御机制，它是人们处于困难和尴尬境地时，自我解脱的一种方法，并借以达到心理上的平衡。现代心理学的研究表明，幽默不但可以提高人的免疫能力，也会增强个人的主观幸福感与乐观人格。由此，弗洛伊德将幽默视作精神升华的有效手段，并大力提倡人们学会用幽默来宣泄生活烦恼。此外，幽默还可以帮助人们提高人际交往能力，获得更多的人际和谐。更重要的是，幽默感使人富于创新精神和同情心，追求烦恼中的快乐，冲突中的和谐。

课堂幽默是教师学识、智慧、灵感和思想在语言运用中的结晶，是综合才能的体现。

有一次物理考试，有几个一向成绩很好的同学因为太过于自满而没有考好，老师在总结时说了如下的一段话："我听过一个故事，有个大学生放假回到老家，为了说明他见解深刻，就在吃饭时大谈哲学，还特意指着桌上的鸡肉对爸爸说：'哲学上讲究具体与抽象，说得明确点，鸡也有抽象的与具体的之分，比如这儿——这只盘子里的鸡肉就是具体的，此外还有一只抽象的鸡存在。'爸爸见他滔滔不绝，听得挺烦，就立刻顶了他一句：'那好！这只具体的鸡我吃，你吃那只抽象的去！'"听到这儿，同学们都哈哈大笑，而这位老师也就恰到好处地接着说："同学们笑了，说明同学们知道骄傲自满不好，也知道该让骄傲自满者吃点'抽象的鸡'！那么，这次考试，应该让谁吃'抽象的鸡'呢？大家猜猜。对了，就是那些骄傲自满的人，说得具体点，有几位同学一向拔尖，可这次却偏偏只考了七十几分！因此我建议，'具体的鸡'，请谦虚者吃；'抽象的鸡'，就留给他们！"见同学们听了有微微含笑的，也有低头深思的。这位老师接着说："不过，我也要补充一句，如果这几位是因为谦虚才这么干的，那就另当别论，也请他们吃具体的鸡！"于是哄地一下，教室里又一次响起愉快的笑声。老师的话既是对谦虚者的一个热烈的表扬，也是对骄傲自满者的一个既含蓄又明朗的批评！

弗洛伊德曾言："笑话给予我们快感，是通过把一个充满能量和紧张度的有意识过程转化为一个轻松的无意识过程。"

幽默可以打破僵局，缓解紧张，使学生在充满情趣中品味、深思、领会教育教学内容。教师在教学中应适当运用幽默的语言，使繁重严肃的教学变得轻松活泼，平淡无奇的内容变得生动有趣，抽象深奥的说理变得具体形象，从而达到帮助学生理解知识、加深记忆、提高效率的作用。

德国著名学者海因·雷曼麦说："用幽默的方式说出严肃的真理，比直截了当地提出更能为人接受。"课堂上批评学生，借助幽默，可以营造出和谐、宽松、欢乐的氛围，消除抵触情绪，从而使一些严肃的教育教学变成令人愉悦的精神享受，让学生在轻松的笑声之中发现和领悟，其效果远胜于干枯的说教和简单的惩罚。

恩格斯说："幽默是具有智慧、教养和品德的表现。"列宁也说："幽默是一种优美健康的品质。"现实生活中，幽默是优良个性品质的重要表现，也是现代人心理健康的重要标准之一，幽默也是个人竞争优势的一种手段。教师应营造适宜的环境气氛，恰到好处地运用课堂幽默这一寓教于乐、寓庄于谐的教育方式，让学生在轻松愉快的教学氛围中真正感受到奇思妙想的智慧之美、清纯高尚的品格之美、含蓄高雅的艺术之美，从而在潜移默化中提高学生的审美修养，使其逐渐形成乐观向上的个性和幽默品质。

课堂幽默是一门教学艺术。教师要有炽热的爱心、豁达的心境和宽阔的胸怀，掌握一定的语言技巧，抓住教学契机，适当发挥，因势利导，努力让学生在充满情趣的课堂幽默中变得乐学、爱学、会学，以至学有所成。当然，课堂幽默是以教书育人为目的，其本质体现为寓庄于谐、形神兼备、知情交融、追求顿悟等几个方面，因而在课堂运用中要注意防止进入脱离教育教学实际的熟套、虚假、浅陋、粗俗、滥用等误区。

教师要用自己的幽默影响学生，培育更多具有幽默感的学生，在教育中积累幽默的"基因"。因为有幽默感的人，凡事健康思考，保持正面态度，即使在遇到困难时，也更容易化险为夷。为了让大家记住幽默的重要性，下面以一个幽默的故事结束：

天才幽默大师卓别林曾被歹徒用枪指着头打劫。卓别林知道自己处于劣势，所以不作无谓抵抗，乖乖奉上钱包。但是，他对劫匪说："这些钱不是我的，是我老板的，现在这些钱被你拿走了，老板一定认为我私吞公款。兄弟，我想和你商量一下，拜托你在我帽子上开两枪，证明我被打劫了。"歹徒心想，有了这笔钱，这个小小的要求当然可以满足了，于是便对着帽子开了两枪。

卓别林再次恳求："兄弟，可否在我衣服和裤子上再各补一枪，让我老板更深信不疑。"结果头脑简单、被钱冲昏头脑的劫匪统统照做，6发子弹全部打光了。这时，卓别林一拳挥去，打昏了劫匪，取回钱包喜笑颜开地离去了。

适合自己的就是最好的

——以自己的风格开展教育

> 最常见同时也是代价最高昂的一个错误，是认为成功有赖于某种天才、某种魔力、某些我们不具备的东西。

19世纪末的美国，有一个爱跳舞的小姑娘，她的家庭非常贫困，但母亲发现了她的舞蹈天赋，就筹了一笔费用，送她去正规的舞蹈学校上学。

然而，小姑娘刚学了三次就不肯去学校了。她认为那种站在脚尖上的舞蹈不但不美，而且有悖于自然。这种舞蹈根本不是她想要的舞蹈。

母亲听了小姑娘的解释，半晌没有说话。虽然这花去了她一笔不小的生活费，但她还是决定尊重女儿的意愿。她说："如果你认为只有自己的舞蹈才能真正表达自己，那么就勇敢地跳下去吧。孩子，自由地表现艺术的真理，也是生活的真理。"

在母亲的支持下，小姑娘开始勇敢地追求自己的艺术。她突破了古典舞蹈的刻板教条，用自由飘逸、浪漫不拘、充满生命力和灵魂的舞姿，重新激发了观众对舞蹈的激情与热爱，从而创立了与古典芭蕾相对立的现代舞派。她就是被称为"世界现代舞之母"的伊莎多拉·邓肯。

伊莎多拉·邓肯的故事给教师的启示就是：在教学中教师要追求属于自己的独特风格。教师作为教育工作者，更深刻地知道学习对于一个人的重要性，但是这也容易造成教师认识上的误区，那就是学习是万能的。过分强调向别人学习的重要性，往往忽视了自我的创造性。

心理学认为每个人都有自己的个性，那么这里的个性到底是什么意思呢？《心理学大词典》中的个性定义反映了多数学者的看法，即："个性，也可称人格。指一个人的整个精神面貌，即具有一定倾向性的心理特征的总和。个性结构是多层次、多侧面的，是由复杂的心理特征的独特结合构成的整体。这些层次有：第一，完成某种活动的潜在可能性的特征，即能力；第二，心理活动的动力特征，即气质；第三，完成活动任务的态度和行为方式的特征，即性格；第四，活动倾向方面的特征，如动机、兴趣、理想、信念等。这些特征不是孤立存在的，是错综复杂、相互联系、有机结合的一个整体，是对人们的行为进行调节和控制的。"既然个人个性是千差万别的，那么教师的个人教育风格也应该是丰富多样，而非简单归一的。

个人教育风格是教师所展现的教育艺术的总体特征。风格的形成，是事业成熟的标志，也是个人事业的生命力所在。个人教育风格的形成，本质上是教师个性优势在教育过程中不断弘扬和体现的过程。教师只有充分地弘扬个性优势，才能在学生和同行心目中树立起特色教师形象，才能取得积极的教育效果。下面关于青蛙的故事肯定可以给正急于形成自己风格的教师一定的启发。

长时期住在井里的青蛙知道自己的名字现在已经成了目光短浅的代名词之后，变得非常向往大海。一天终于遇到了一个机会，它跳出了水井，并且十分幸运地遇到了一只正准备游往大海的大鳖。青蛙请求大鳖带它去看海。大鳖平生第一回当向导，非常高兴，便欣然同意。

一鳖一蛙离开了水井，慢慢前行，来到海边。青蛙见到一望无际的大海，惊叹不已。它"呱呱"大叫，急不可待地扎进大海的怀抱，却被一个浪头打回沙滩，措手不及地喝了几口咸水，还被摔得晕头转向。

大鳖见状，就叫青蛙卧在自己的背上，带着它游海。他们漂浮在海面上，乐趣无穷，青蛙也逐渐适应了海水，能自己游一会儿了。就这样，它俩玩得很开心。过了一阵子，青蛙有些渴了，但平时只喝淡水的青蛙实在难以忍受又苦又咸的海水。更令它难以接受的是游泳游得浑身疲惫、饥饿不堪的它，却怎么也找不到一只自己可以吃的虫子。青蛙想了想，对大鳖说："大海的确很好，但以我的身体条件，不能适应海里的生活。最要命的是，这里没有我能吃的食物。看来，我还是要回到我的井里去，那里才是我的乐土。"

于是，青蛙向大鳖告别，回到了自己的井中，过着平安快乐的生活。

故事带给大家很好的启示，适合自己的教育就是好的教育，不必太在意与名家的异同。名师的教育风格是不容易学到的，假如容易学得到的话，那么世界上的教师现在都是一种风格了。那样的话中国也就不需要开设那么多的师范院校专门培养教师了，直接开几个教师加工"工厂"，经过特殊的模仿训练大家就可以直接上岗了，这样岂不是更省事？在个人教育风格的形成过程中，取他人之长是必要的，借鉴他人成功的经验也无可厚非，但这种学习借鉴，不等于刻意模仿，亦步亦趋。教育是一门艺术，艺术的本质在于创造，而创造的实质恰恰在于教师的个性优势在教育过程中的弘扬。

教育活动是一种富有情趣的精神活动，是教与学的有机结合。良好的教育效果是在教师主导下师生共同创造的。这种创造的过程也是在教师的"导演"下进行的，因而深深打上了教师个性的烙印。可以说，在此过程中教师个性优势的弘扬具有决定性的作用。教师应当深入剖析自己，寻找自身的优势，不断地总结经验，大胆地探索如何在教育过程中弘扬自身的优势。

性格活泼开朗热情的教师，不妨在自己的授课过程中多加入一些有趣的游戏或者活动；说话幽默的教师，可以研究一下自己的幽默风格，把它运用在课堂上；沉默寡言的教师，可以在自己的课堂上为学生设计更多的机会，让学生自己来讲，真正实现他们成为学习主体的转变……教师只有在长期积累和探索的基础上，逐步摸索形成具有自己个性特色的教育风格，进而实现自己成为一名具有特色的优秀教师的转变。

马尔比·马布科克说："最常见同时也是代价最高昂的一个错误，是认为成功有赖于某种天才、某种魔力、某些我们不具备的东西。"其实促使你成功的因素有时就把握在你自己的手中，关键是看你怎么对待它。很多教师一心想成为一名优秀教师，于是追求自认为最好的教学方法和风格，这样他的教学方法和风格一直处在不停的变化当中。这样频繁地不断更换教学风格的结果只能是邯郸学步，最后连自己仅有的一点教学心得和经验也丧失了。

其实教学风格就好像大家看苹果园里的苹果，里面的苹果绝对不好分出哪个是最好的，有些很大但是却没有小苹果的甘甜；有的又大又甜，但也不能说是最好的，因为果园里还有一些是甜中带酸的小苹果，它们最近在市场上更受欢迎。教师的教学风格也是一样的道理，向别人学习是十分必要的，但是千万不要盲目模仿，因为适合的对于自己来说就是最好的。

细节让教育更美丽

——让细节教育成为时尚

什么叫细节？细节就是你的"珠子"。你要穿一串项链，这串项链要与别人的不同，你起码得有几颗是你的"珠子"，一颗珍贵的珠子能使一串项链熠熠生辉。一个好细节能使一篇作品读后难忘。

大清帝国刚建成北洋舰队时，邀请日本海军大佐、"浪速"号驱逐舰舰长东乡平八郎来参观。在水师提督丁汝昌的陪同下，东乡平八郎登上了"镇远"号巡洋舰。当时北洋舰队所有的大型军舰都是在英国定造的，很是威武雄壮。东乡在参观结束后向日本当局报告："清朝海军虽然吨位大，但不堪一击！"果然，在1894年的中日甲午海战中，日本海军一举击溃了北洋舰队，"来远""威远""靖远"号相继被击沉，丁汝昌自杀。

东乡的判断何以如此准确呢？原来在"镇远"号上，他发现了两件"小事"：大炮的炮筒上挂着水兵洗过的衣服；下船之后，他的白手套因抚摸栏杆、扶手变得很脏了。这两件事让他觉得，清朝海军缺乏严明的纪律，就算武器再精良，也不会打胜仗。

仅仅两个细节就决定了一场战争的成败，甚至进一步影响了两个民族的命运。这个故事对教育的启示是，对于学生身上表现出来的微小缺点和错误，切不可姑息。

教育心理学专家克宁对比观察了成功的课堂管理者与不成功的课堂管理者的行为后发现，在出现课堂问题后，两者处理问题的方式没有什么不同，只不过成功的管理者能够较好地预防问题。克宁同时建议教师对学生一定要明察秋毫，"明察"就是教师要避免被少数几个学生吸引或只与他们交流，授课时要与学生保持眼光接触。这样在平时的教学中，教师不仅可以明确了解班级学生的具体情况，而且学生也会知道教师在监督着他们。从"秋毫"的小事做起，就可以减少学生犯错误的概率。

生活是由一个又一个细节串联而成的，教育活动也不例外。都说一滴水能折射出太阳的光芒，那么，教育中的每一个细节，也都会因为它的自然和真实，而折射出教育者的教育智慧和教育观念。

面对个性越来越凸显的现代学生，如何更好地与他们沟通，从而达到比较理想的教育效果呢？现实中比较实用的办法就是注重教育教学中的每一个细节。"细节让教育更美丽"，只要教师敏锐地抓住细节，深入地挖掘它，在细节上做文章，于细微处用精神，悉心地倾听，耐心地询问，真诚地唤醒，热情地点燃，就可以起到"润物细无声"的效果。这样，教育才能更好地走进学生的内心，才能更好地滋润学生的心灵。

教育从细微处开始，学生的变化也是一点一滴地积累的过程。教师从细节上对学生进行教育就必须在细微处了解学生。下面是一个关于教师注重细节的故事。

一所著名的高中招聘教师，为了从最后入围的候选人中挑出合适的人选，学校准备让他们分别进行试讲。几位候选人为了能够拿到这个职位，都下了很大工夫精心准备。

铃声响了，一个个试讲者分别微笑着走上讲台。各位教师分别是"八仙过海，各显神通"。为了不让课堂气氛沉闷，有一个试讲者也效法前面几位试讲者的做法，设计了几次并不高明的课堂提问，但效果一般。下课时，比较自己与前几名试讲者的效果，他显得十分不自信。

但是第二天一个令人惊奇的消息传来，他接到了被录取的通知。惊喜之余，他问校长为什么选中了他。"说实话，你的课并不比别的老师显得更为精彩，"校长微笑着说，"但是在课堂提问时，你叫的是学生的名字，而别的老师却叫学生的学号或用手指。试想，我们怎能录用一个不愿去了解和尊重学生的教师呢？"

叫学生的名字而不是叫学号或用手指，事情虽小，却反映了讲课者对学生的尊重，体现出作为教师的一片爱心。同时，对于应试者来说，记住学生的名字，也是一种应试准备，而且是更精细的准备。正是这种细节上的准备，使他与其他应试者区别开来。

教师要在细节上教育学生就要注意为学生营造一个好的学习环境。某个学生无意间的一次违纪行为，如果教师不注意，那么很可能引发其他学生的效仿，形成"涟漪效应"。细节往往散落在不起眼的草丛里，隐没在教师的熟视无睹中。教师要养成关注细节的意识，练就体察细节的本领。下面是一位很受学生欢迎的教师注重教育中的一些细节的事情：

老师关爱学生不应该停留在口头上，而应体现在无数个细节之中。正值期末复习最紧张的时候，我们班一半人得了感冒。星期天晚上几个寝室咳声四起，一浪高过一浪。我和生活老师多次到寝室巡视，逐一为他们盖被子。对几个咳得厉害的，给他们每人含甘草片。有两个学生感冒得很厉害，我给他们拿了药，把开水端到床前让他们服。还有一天下午第一节是政治课，我刚讲了几句，一名同学就咳嗽不止。我因为也感冒了，声音沙哑，医生给了我一瓶清凉润喉片。于是我急中生智，把润喉片给他，让他含在嘴里。这时忽然四处响起咳嗽声，我知道有些人是假咳，目的是想要润喉片。我只好照得了感冒的人给，直到散完为止。顿时教室里安静多了，虽然耽误了几分钟时间，能换来孩子们暂时的舒服，我觉得是值得的。

教育教学过程中很多人都在抱怨学生的养成教育太困难了！归根到底，还是因为没有持之以恒地抓细节教育。其实道德的细节教育既不难实施，又容易见实效。教师的工作应该从"大处着眼，小处着手"，在细节中观察学生，在细节中引导他们，在细节中教育他们，让养成教育从细节开始。可以说教育工作者关注细节就是对学生生命质量的关怀。

"一滴水可以折射出太阳的光辉"，欣赏细节，把握细节，大家随处都会发现小小的细节魅力无穷。教育更应该注意细节，于细微处见工夫。在教育现代化基本实现的今天，教育往往体现在内涵发展上，这就需要教师不断地精雕细刻，使细节成为学校管理的要素，努力把"对细节的执著"打造成学校的一种文化，使所有教师视细节为生命，学会发现细节、研究细节、完善细节。让细节管理成为学校的一道亮丽风景线，成就教育的未来。

向管理要成效

——班级管理中的决定性心理因素

教师是班级舞台上的导演，要想让学生演出精彩的节目，"导演"就必须从管理着手，向管理要成效。

"世界上每100家破产倒闭的大企业中，85%是因为企业管理者的决策不慎造成的。"这是世界著名的咨询公司美国兰德公司对很多破产企业进行调查的结果。如果教师比较一下自己管理的班级，其实很多方面都和企业管理十分相似。一个失败的班级管理案例其中必然夹杂着班级管理者的众多失误。

班级管理没有固定的方法，每个教师都可以有自己的"独门兵器"。"独门兵器"并不是自己随便凭空想象然后就可以锻造了，这里一定要遵循一些固定的原则。

班级管理首先要注意的就是管理者和成员的沟通。班主任要与学生进行平等的沟通。这里所说的平等，不是公民在法律面前的权利，而是说班主任在与学生谈话的时候，不歧视学生，也就是师生身份地位平等。其次是给学生一把椅子，让他和你平等地对视对方。大家千万不能认为自己是老师，是班主任，学生应该由自己管，以管理者自居。以管理者自居的教师经常对学生随意呵斥、大声批评，不相信他们的辩解，不尊重他们的谈话，喜欢一阵训斥之后武断地解决问题。这样的处理方法表面看来是没有问题了，实际上却埋下了很深的隐患，学生对班主任的处理敢怒而不敢言，不是阳奉阴违，就是对老师不再信任，师生之间的沟通就此断绝了。这只能使学生错上加错，违背了教育的初衷。还有许多班主任能做到身份地位的平等，却往往忽略了师生之间视线的平等。

从心理学的角度来看，在谈话中，如果教师视线高，学生视线低，老师的俯视会给学生形成威压，造成学生心理上的不平衡，学生当然不可能坦诚相待。第二种常见的师生谈话方式是老师坐着，学生站着，这样虽然教师处在了较低的位置，但站着的学生却好像处在受审判的位置，怎么可能与老师交心呢？下面是一位教师在网上发表的一篇名为《班主任谈话技巧初探》的文章。

刚接这届高一新生不久，班上一位学生因上课与同桌说话而引得任课老师大发脾气。老师急欲树立威信，学生觉得自己只不过问了一个问题而不该遭受如此严厉的批评，两人在课堂上僵持起来。任课老师叫我去后，我在教室门边轻声唤出这位学生，在办公室和他促膝对坐谈了一个小时，解决了他的思想问题。事后一个学生在周记中写道："我们都以为他会遭到班主任的严厉批评，没料到当我们从门窗上偷望进去时发现他与班主任都坐在椅子上，我们马上感觉到，这位班主任与我们初中班主任完全不同，我们都暗自庆幸，我们遇到了一个好班主任。"看了这段周记之后，我才暗自庆幸，那天没有采取过激手段训斥学生，竟赢得了学生的信任，而从学生尊敬地称呼我时的微笑中我也更坚定了我的谈话理念。

这里从表面上看，教师降低了自己的权威，给了学生过于"常态"的尊重，其实教师在这里收获的要比学生多得多。学生收获的只是教育本该给予学生的师生平等地位，而教师收获的却是一个与学生沟通的渠道，通过它教师才能真正理解学生，才能管理好一个班级。

班级管理的第二点要注意的就是，管理班级不同于牧马，牧马只要让马乖乖地吃饱，然后赶着马群回圈就好，而管理班级却是使每个个体受到应有的教育和尊重。所以这里与其把所有的权利都收归班主任一人，不如把权利下放到学生中间，实行民主管理。这样教师的工作轻松了许多，而学生在这个过程中也体会了管理的含义，掌握了领导才能。下面是特级教师魏书生讲述的一段小故事。

我当二十多年班主任，没摸过钱，那收费怎么办……学习委员承包收书费。我们班第一届学习委员刚入学，不懂这个规矩，我说你替我开会去，我知道那是收书费的会。他回来以后说："魏老师啊，两个学期书费一块儿收呀，一共多少钱哪，老师，您什么时候收啊？"我说，"我收？我从来没干过这个活儿。""那谁收啊？我说谁开会谁收啊。""啊，我收那么多钱，我能收吗？""有什么不能收的，这么简单的破事啊。就你干！"他只好通知，同学们哪，明天拿钱吧。到第二天，他到一个一个座位上正准备收，我说："你干什么？""老师，我收书费。"我说："哪有这么收书费的？""那怎么收啊？"我说："我原来的学习委员从来不这么收书费。""那怎么收啊，老师？"我说："人家一直是拿手表收书费啊。""老师，别开玩笑了，手表能收书费吗？"我说："当学习委员的这点弯儿转不过来，我不管你，想！反正不许你用手收。"学习委员都聪明，站在那儿眼珠滴溜滴溜转，转完了想明白了，走上讲台，拿出手表，开始宣布："全班同学请注意，各小组组长请注意，请各小组组长站在你们小组的左侧，下面我们要开展收书费比赛（笑声），我公布比赛规则，本次书费两个学期一个人多少钱，我没记住，要求每个小组组长准备一张16开的白纸，写上你们小组交费人的名单，交费的钱数，总钱数，收完了钱，用这16开纸把你们小组的钱包起来，放在讲桌上算完成任务，听清了吗？听清了。好，各就各位，预备……"

五摞钱一放，这学习委员一看，书费收完了，拿起一摞来刚想数，我说："你干什么？""老师，我数数。""你傻啦？""老师，不数怎么办哪？"我说："你当大官的像个大官的样儿，上级别干下级的活，你领着这五个小组组长到学校交费，谁少了谁赔不就完了嘛。"人家小组组长才明白，闹了半天，大官连数都不数啊！咱赶快再数一遍吧。

魏书生被很多教育界的同仁佩服，因为他的教育确实很有一套，他当校长还当两个班的班主任，他成名后经常到外地讲学，但是所带的班级依然井井有条，并且比有班主任的班级取得的成绩还好。魏老师一直没有找过副班主任，他的诀窍总结起来就是还权给学生，班主任做高超的管理者。

班级管理还要教会学生心理相容。苏联教育家马卡连柯说："教育了集体，团结了集体，加强了集体以后，集体自身也就成为很强的教育力量。"一个新组合成的班级集体，尤其必须建立在班级同学的集体智慧上。所谓心理相容，即要求班主任在具体工作中促使老师间、同学间、师生间心理上相互认同，情感融洽，相互理解，相互信任。受教育者只有在心理上承认、赞同、愿意接受教育者，才能对其教育内容认同和信服。下面是长辛店中心小学写的一篇《让学生学会宽容》的文章里的一个小故事。

记得有一次，学生玩篮球时，发生了冲突，其中两个小男孩打了起来。当我知道了这件事的时候，这两个孩子低着头，委屈地流着泪，我假装生气地说："好呀你们，玩篮球还打起来了，从今天开始，为了避免再发生这种事情，全班同学都不许再玩！你们两个好好想想怎么和全班同学交代！"他们听完后呆住了，不知如何是好。上课了，我让他们把自己的心里话说给大家听。他们说："对不起大家，因为我们，害得大家都不能玩篮球了，对不起。李老师，求您让大家玩球吧，您罚我们，不让我们玩，让大家玩吧！大家是无辜的！"趁着这个机会我对全班同学说："好吧！既然他们能够认识到错误，就按他们说的做吧！大家继续玩，他们两个不能玩了。"我的话音刚落，就有好几个同学举起了手，有的说："老师，每个人都有犯错的时候，不能因为他犯了一次错误就不让他玩了，我相信，他们两个一定能改正错误，让他们继续和我们玩吧！"这时，很多同学纷纷替他俩求情。同学之间宽容的力量，远远大于老师的宽容。这两个孩子顿时泪流满面，我知道那是愧疚的泪，更是感动的泪。从那天起，这两个孩子真的没有再和谁发生矛盾。同学们用自己的宽容使他们感受到了集体的温暖，并且心甘情愿地为集体作出自己的努力。

教师宽容学生只能折射出他一个人的师德高尚，但是如果教师教会千差万别的学生相互融洽地学习、生活，那么则反映了一个教师高超的教育技巧，这也应该是教师所要达到的更高的教育境界。

把门槛降低

——用"门槛"心理对学生进行教育

> 学生毕竟还是孩子，心理承受能力有限，教师对他们的要求也要有限，慢慢来，可以适当地降低目标，降低难度，一点一点地让学生接受，这样的教育才是真正的教育。

登山时要想更容易更顺利地登上高处，就要一级台阶一级台阶地登。一个人一旦接受了他人一个微不足道的要求，为了避免认知上的不协调，或想给他人留下前后一致的印象，就有可能接受更大的要求。

心理学研究表明，在一般情况下，较高较难的要求因为费时费力又难以成功，人们大多都不愿接受；相反，人们对于较小的、较易完成的要求却乐于接受，在实现了较小的要求后，人们才慢慢地接受较高的要求。"攻人之恶勿太严，要思其堪受；教人之善勿太高，当使人可从。"这是明代洪自成在《菜根谭》里表达的看法。

著名心理学家查尔迪尼在替慈善机构募捐时，仅仅是附加了一句话"哪怕一分钱也好"，就多募集到一倍的钱物。查尔迪尼分析认为，让人们先接受较小的要求，能促使其逐渐接受较大的要求。心理学家认为，人们已经逐渐适应不断满足小要求，意识不到逐渐提高的要求已经偏离了自己的初衷。这反映出人们在学习、生活、工作中普遍地具有避重就轻、避难趋易的心理倾向。

日本选手山田本一在 1984 年的日本东京国际马拉松邀请赛和 1986 年的意大利米兰国际马拉松邀请赛中两次夺冠。十年后，他在自传中写道："每次比赛之前，我都要乘车把比赛的线路仔细地看一遍，并把沿途比较醒目的标志画下来，比如，第一个标志是银行，第二个标志是一棵大树，第三个标志是一座红房子……这样一直画到赛程的终点。比赛开始后，我就以百米的速度奋力向第一个目标冲去，等到达第一个目标后，我又以同样的速度向第二个目标冲去。40多公里的赛程，就被我分解成这么几个小目标轻松地跑完了。起初，我不懂这样的道理，我把目标定在40多公里外的终点上的那面旗帜上，结果我跑到十几公里就疲惫不堪了，我被前面那段遥远的路程给吓倒了。"

在这里，山田本一运用的策略就是降低要求，一个台阶一个台阶地去完成比赛。

学生由于个性的发展尚不稳定，受认识、情感、意志等方面心理因素的制约较严重，心理比较脆弱，承受挫折的能力普遍较低。一旦自尊、情感、自我实现等心理需要得不到满足，有的同学就会出现各种各样的心理问题。轻则情绪波动，妨碍学习；重则会产生失望和自卑心理，影响身心健康。

在教育的过程中，教师要想保护好学生的心理，使学生能得到健康发展，并使其发展能取得积极的效果，就必须适当降低对学生的要求，在其稳步发展中再慢慢地提高要求。有的学生对自己要求不够严格，如果教师猛地让他改变，他可能一下子做不到，但如果教师在对学生提出要求时考虑学生的心理接受能力，先对其提些基本的较低的较少的要求，待学生按照要求做了，予以肯定、表扬乃至奖励，然后逐渐提高要求，使每个学生都乐于积极奋发向上，这样才会取得更好的教育效果。

有个小徒弟跟师父学武艺，可师父却什么也不教他，只交给他一群小猪，让他放牧。师父家前面有一条小河，每天早上小徒弟要抱着一头头小猪跳过河，傍晚再抱回来。后来小徒弟在不知不觉中练就了卓越的臂力和轻功。原来小猪一天天在长大，因此小徒弟的臂力也在不断地增长，他这才明白师父的用意。

有经验的教师在教育学生时总是从学生的心理出发，先让学生承诺完成一项比较容易的任务，待到任务完成后，教师再接着提出更大的任务。比如，一个学生考试得了56分，教师并没有大发雷霆，而是耐心地对学生说："你前面最靠近你的同学考了61分。我们一起努力，下次考试的时候争取超过他，好吗？"这时候学生连想都不想就说："好。"学生对5分的接受程度要远大于让他接受15分甚至更高。此后，学生果然认真学习了，上课专心听讲，作业按时完成，不会的问题就问老师、问同学，结果再考试时考了 72 分，远远超过了教师为他所定的 5 分标准。这就是教师设置的"门槛"——超过前面最近的一个同学。结果学生通过自己的努力不但成功地跨越了这道"门槛"，而且给了教师意想不到的惊喜。这道"门槛"是无形的，但是在教师的教育下就变成了有形的学生可以完成的要求，"门槛"也就不会绊着脚了。

教师把"门槛"降低了，并不是说降低对学生的要求或者放纵孩子。这里只不过是把大目标分成一个一个的具体的小目标，先来完成小目标，最终实现大目标。

美国一位名叫罗伯·舒乐的博士，在自己身无分文的情况下，却立志要在加州建造一座水晶大教堂。这座教堂的预算造价为 700 万美元。

舒乐博士首先在一张白纸上，写下了自己实现目标的奇特计划：

寻找 1 笔 700 万美元的捐款；寻找 7 笔 100 万美元的捐款；寻找 14 笔 50 万美元的捐款；寻找 28 笔 25 万美元的捐款；寻找 70 笔 10 万美元的捐款；寻找 100 笔 7 万美元的捐款；寻找 140 笔 5 万美元的捐款；寻找 280 笔 2.5 万美元的捐款；寻找 700 笔 1 万美元的捐款。

他把 700 万美元这个大目标，一次又一次地分割成更小的目标，最终分割到 1 万美元。每次募捐 1 万美元，这个目标实现起来就容易多了。就这样，他 1 万美元 1 万美元地募捐，一点一滴地筹集。历时 12 年，一座最终造价为 2000 万美元、可容纳 1 万多人的水晶大教堂竣工了。这座水晶大教堂成为世界建筑史上的奇迹与经典，也成为世界各地前往加州的人必去的游览胜地。

过高的目标只能让学生产生高不可攀的心理，甚至会进一步演化为他们前进的包袱。一些大目标看似难以实现，但把它分割成无数个小目标，实现起来就不再是什么难事了。教师降低对学生要求的"门槛"，为他们确立实际的小目标，他们就会归还给老师们意想不到的成功。

取其精华，弃其糟粕

——用从众心理对学生进行教育

> 学生都有一种从众心理，教师要研究学生的这种心理并加以利用，这样才能使学生健康发展。

《史记》上有一句话："曾参虽贤，其母虽信，然三人之疑，其母惧。"这说的就是人们的从众心理在作祟。从众是指个人的知觉、判断、认识在受到外界人群行为的影响下，而表现出的一种符合于公众舆论或多数人的行为方式。服从多数，一般是不错的，但如果是缺乏个人的分析，不作独立思考，不顾事实真相，一概服从多数，则是不可取的。这是消极的"盲目从众心理"。

一个双眼失明的小男孩，坐在公园的长椅上，举着一架望远镜"看着"天空。公园里的游客看到小孩的样子，以为天空出现了什么稀罕事物，于是，纷纷买来望远镜对着天空眺望。公园外面的人看到公园里的人都在看天空，觉得天空中肯定是发生了什么新鲜事，也争先恐后地对着天空眺望。直到小男孩从长椅上站起来摸索着向前走去，人们才知道，原来天空中什么也没有发生。

这虽然是一则笑话，但是却深刻地反映了在日常生活中"从众"这种现象已经被人们习焉不察了。在日常生活中，人们总是倾向于跟随大多数人的想法或行动，以证明自己并不孤立，如购物时，看见很多人在抢购一种商品，自己也赶紧跟上去；论证某一观点时，大多数人意见一致，自己想法不一样，内心不安，开始忐忑，最终从众等。这都是从众心理的一种表现。心理学研究发现，影响从众的最重要的一个因素就是持某种意见的人数的多少，说服力的一个明证就是"人多"，很少有人能够在众口一词的情况下还坚持自己的不同意见。

如果教师留意观察班上的同学，就会发现班上的男生可能都会喜欢某一著名的球星或者球队，而女生则可能拥有一样的小装饰物或者一样的发式，这种惊人的相似现象就是学生的从众心理。学生的从众心理有其积极的一面，如班上很多同学都是志愿者，会带动其他的同学参与其中；也有消极的一面，如在考试中有同学作弊，就会有别的同学知道后也这样做。作为教师要研究学生的从众心理，帮助学生健康发展。

有一天，苏格拉底走下讲台，突然拿出一个苹果举起来左右晃动，笑着问："哪位同学闻到了苹果的味儿？"坐在前排的一位学生举手回答说："我闻到了，是香味儿！"苏格拉底举着苹果，慢慢地从每一个学生座位旁边走过，边走边叮嘱："集中精力，仔细闻一闻空气中的气味。"渐渐地举手的学生多了起来，最后只剩下两名学生没举手，苏格拉底把苹果拿到这两位学生面前，笑着说："再试着闻闻。"两位学生闻了闻，又左右看了看，也慌忙举起手，苏格拉底的笑容不见了，他举起苹果平静地说："非常遗憾，这是一枚用蜡做的假苹果，什么味儿也没有。"

这个故事生动地说明了同学之间的从众心理——看到别人说有香味儿，也跟着说有香味儿，但他们并不是撒谎，而是受苏格拉底言语的暗示和其他同学举手的行为暗示，似乎真的闻到了一种味道，于是举起了手。在没有分清正误的大多数人的一致判断面前，学生很容易就否定了自己，以此博得大多数人认为的正确。

教师要善于发挥学生从众心理的积极作用，首先要有意识地通过班会、黑板报等舆论阵地，对学生的学习、行为进行教育。一位在教育行业从业多年的老教师讲到了他管理班级的经验。他刚开始管理班级时总是找有问题的学生单独谈话，但是过了一段时间，他发现这一方法并不是对每一个学生都适合。很多学生就是看准了教师不能对其构成什么威胁，所以并不把教师的话当回事。于是，这位老教师采取了另外一种方法。

对于不讲究卫生的学生，他就在班级里面分配值日小组时，故意将其调到一个大多数学生都讲究卫生，值日都很积极的小组里面。这样过不了多久，这位不爱值日、不爱卫生的同学实在忍受不了大家的批评，不得不主动值日，个人也开始注意讲究卫生了。

这里，这位老师就是运用了学生"从众心理"的积极作用，让有问题的学生在大家的帮助带动下进步。

学生在学习过程中产生从众心理的原因有多种，教育心理学研究表明主要有：持某种意见的同学中是否有优势的学生；学生个人的特质，如胆小、顾虑多、意志不坚定、自信心差、过分依赖他人等；同学人数的规模等因素。毋庸置疑，从众有利于形成统一的意见，可以使落后的同学在合理的学习环境下潜移默化地形成正确的思想与行为。同时，应该指出，在不合理的学习环境里，由于从众心理表现为趋向学习结论一致，而不一定是学习结论正确；部分学生容易与自信或学习优秀的同学的观点、思维方法形成一致，而忽视自己的观点、思维方法正确与否，小组合作的结果可能是以虚假的多数形成错误的小组结论。可见，从众心理容易压制学生正确思想的形成，摧残学生的独创性；合作学习有时有弱化独立思考的趋势，学生在群体中容易丧失对自我的控制，失去了个体感，没有了自己的主见。

这就像西方谚语"任何宝剑都有两条利刃"一样，教师要避免学生的不良从众心理。解决这个问题的最好办法就是帮助学生发现自我。

发现自我最重要的就是要有面对自我的勇气。很多学生之所以有盲目从众的心理，完全是因为他们不敢面对自我，不相信自己的能力。很多喜欢或者习惯于盲目从众的学生心里都有这样的想法：那就是别人长得多漂亮！别人的口才真棒，我要是也能那么滔滔不绝就好了！真羡慕孙鑫的钢笔字，那股灵气怕是我这辈子练就不了了！

教师针对这些迷失自我的学生一定要注意正确的引导，多给予他们"出头"的机会，让他们的勇气不断地积淀，不然这些学生最后只能永远当别人的"配角"。盲目从众的学生并不是没有自己的独立思考能力，他们很多人是从来没有展露或者试验过。教师只要多给予他们这样的机会，所有的学生都可以成为具有独立人格，拥有自己独特追求的人。

让学生自己去完成

——用"自圆"心理对学生进行教育

学生的自圆心理是学生在学习过程中的一种心理表现，有积极的一面，也有消极的一面。教师要在教育教学中帮助学生发挥其积极的一面，促进学生提高学习成绩。

在文学艺术作品中，留白是经常采用的一种表现方式，所谓留白就是在作品中留出空白从而形成想象空间。比如，南宋马远的《寒江独钓图》，画中只有一条小舟，一个垂钓的渔翁，在画中看不到一丝水，而给人感觉却是烟波浩渺，画中皆水，给人以想象的余地。如此以无胜有的留白艺术，具有很高的审美价值，正所谓"此处无物胜有物"。留白是一种智慧，也是一种境界。教育中也有留白，这就是学生在学习过程中的自圆心理。如果教师能够把握好这个"留白"，那么这样的教育效果将是事半功倍的。

有一个学生正在计算一道题目，但是题目很难，一时半会儿解不出来。这时候，刚好有同学来找他一起去打球："算了，别算了，等打完球回来再算。"同学劝说他，他犹豫再三，决定还是继续做一会儿，看看能不能找到解题的思路。他这样选择的原因主要在于，他为解开这道题目花了很多时间，费了很多脑筋，他很希望看到这道题目的结果。

在一所小学里，为了引起学生写作文的兴趣，语文老师想了很多贴近学生生活的作文题目，但效果并不理想。有一次，老师尝试着改变了命题的方式，改为故事接龙。他先起了个头："大家还记得'龟兔赛跑'里的那只小兔子吗？这一天，乌龟在森林里散步，又看到了兔子，兔子对乌龟说：'……'"接下来，让学生们往下写。这下，几乎所有的孩子都拿起了笔。等作文交上以后，老师自己也大吃一惊，没想到孩子们的想象力这么丰富：有写兔子和乌龟在网上进行虚拟比赛的，有写兔子和乌龟去参加奥运会的，有写兔子变谦虚而乌龟变骄傲的……每个学生的故事都不一样，而且写得既有童趣又特点鲜明。

其实，不管是学生想把题目解出来再去打球还是故事接龙，表现的都是学生力图把一件事情完成的心理倾向，这就是教育心理学中的学生"自圆心理"。

自圆心理最初由一位叫紫格尼克的美国心理学家提出。他做了一个实验：给138个学生布置了一系列作业，让他们完成其中的一部分，另一部分则令其中途停顿。一小时后对这些学生进行测试，结果发现多数学生对中途停顿的作业记忆犹新。紫格尼克得出结论：人们对业已完成的工作较为健忘，因为"完成欲"已经得到满足，而未完成的工作则在脑海里萦绕不已。

德国心理学家蔡戈尼克做过的一个实验，也说明了这种心理现象：她交给一些人22种不同的任务，有一半任务要他们坚持完成，完成后才结束；另一半任务则在中途打断，不让其完成。允许完成和不允许完成的任务的出现顺序是随机排列的。做完实验后，让他们立即回忆刚才做了哪些任务。结果未完成的任务平均被回忆起68%，完成的任务平均被回忆起43%。

心理学研究说明，人们办一件事情的时候，为了把事情办好，总是千方百计想尽一切办法。当完成一件事情，或达到一个既定的目标，心理上就会产生一种满足感和成就感。因此说，"自圆心理"是自我实现的内动力，是一种积极的自我导向。

积极的自圆心理是促使学生完成学习活动的强大内动力。"不撞南墙不回头""不到黄河心不死"就是这个道理。学生在学习时，都有着把学习任务完成的欲望。因为有对目标的追求，学生在自己的脑海中就会时刻闪现这个任务、这个目标，就一心渴望想去完成这个任务，达到这个目标，在心理上有去攻克的动力。于是，"衣带渐宽终不悔，为伊消得人憔悴"，学生根本无须教师的管理和监督，自己就会主动地去钻研。当学生完成一个学习任务、达到一个目标时，内心会产生满足感和成就感，对自己就会有信心，会产生继续学习的动力和兴趣。

学生自圆心理在学习中也有消极的一面。如果前面的学习任务圆满完成了，就会产生万事大吉的感觉，再接受新任务就很容易把前面的忘掉；或者，如果接受的学习任务比以前的难而且多，在学生的潜意识里会担心新的学习任务完成不了，或者害怕产生自己不能接受的后果，对自己的自信心造成打击，这时候学生就会寻找各种借口，对学习产生抵触情绪，使得学习进展缓慢，学习效率降低。教师在教学中要正确认识和对待学生的自圆心理，使积极的一面发挥最大功效，避免消极一面的影响。

老师在给学生布置作业的时候，积极利用自圆心理要从作业的数量和难度上去调控。如果布置的作业量小、难度低，学生就会很容易地完成，这样知识就很难留在学生的脑海中。但是如果布置的作业量度太大、难度高，学生做起来就会有困难，一旦完成不了，自信心就会受打击，对学习就会慢慢地产生抵触心理、厌倦情绪，学习就难免落后，久而久之就会变成学习上的"后进生"。所以，教师在布置作业的时候，应该考虑到不同层次学生的不同能力，尽量做到分层安排，在数量和难度上要有留白，尽量避免自圆心理消极一面对学生心理的影响。教师要教育学生，学习要根据自己的实际情况来安排，来给自己定目标。这就像画一个圆圈，能画圆固然最好，但画得不圆也没什么大不了的，没必要像阿Q一样为自己画得不圆而不安，因为那样会束缚自己，把宝贵的时间和精力浪费在没有意义的事情上。

教师要帮助学生克服自圆心理消极一面的影响，帮助学生树立一种理性的态度，敢于承认自己的不足，坦然面对自己的失误甚至失败，把时间和精力投入到最能够产生学习效果的方面，投入到对自己提高和进步最有作用的内容上来。

如果教师在平常的教育教学中能够发挥学生自圆心理积极的一面，避免消极一面的影响，那么在提高学生的学生成绩、综合素质以及实践能力的工作中，必将事半功倍。

第七篇：
用教育心理学培养学生的综合心理素质

心理学家说："生理疾病损伤健康，而心理病症危害灵魂，甚至毁灭整个人。"因此，教师要运用教育心理学，培养学生健康的心理素质，使学生成为真正全面发展的人。

集体心理、责任心理、合作心理等，这些心理是需要教师去帮助学生培养的；依赖心理、妒忌心理、自卑心理、受挫心理等，这些心理是需要教师去帮助学生克服的。教师要把教育心理学运用于培养学生的各个方面，多角度地去把握学生的心理，把无形的教育化为有形的表现。那么，我们的教育必将是成功的。

适者生存

——培养学生健康的竞争心理

人生与弈棋、赛球并无二致。只要入局，就应该是一场志在必得的壮烈斗争。

竞争是一种对抗性的社会活动形式。竞争在人类社会中，是人们为了占有某些事物或取得某种有利地位而进行的都想求胜的斗争。产生竞争的主观因素是人有满足一定物质需要和精神需要的愿望和要求；客观因素是人类社会生活的物质条件和精神条件存在着差异。发生竞争的基本条件是必须有一个共同争夺的目标，双方去争夺同一对象。竞争双方中的一方获得了成功，就剥夺了另一方成功的机会。

达尔文认为适者生存就是在生存斗争中，具有有利变异的个体，容易在生存斗争中获胜而生存下去。反之，具有不利变异的个体，则容易在生存斗争中失败而死亡。这就是说，凡是生存下来的生物都是适应环境的，而被淘汰的生物都是对环境不适应的，这就是适者生存。任何生物只要想在地球上生存下来，它就必须学会竞争。

狮子和羚羊都是非洲大草原上出名的动物，它们都十分关心自己的孩子成长，对自己的孩子总是言传身教。

每天，当太阳升起的时候，非洲大草原上的动物们就开始奔跑了。

狮子妈妈在教育自己的孩子："孩子，你必须跑得再快一点，再快一点，你要是跑不过最慢的羚羊，你就会活活饿死。"

在另外一个场地上，羚羊妈妈也在教育自己的孩子："孩子，你必须跑得再快一点，再快一点，如果你不能比跑得最快的狮子还要快，那你肯定会被它们吃掉。"

适者生存同样也适用于社会。人若要不被社会所淘汰，就要懂得抓住机会、把握机会、运用机会来助你发力，走出被淘汰的局面。寓言中的狮子妈妈和羚羊妈妈对孩子的教育无疑是明智的，在决定生死存亡的食物链上，速度是决定成败的重要的内在因素。

竞争意识近几年来在人们的心理上不断得到强化，对青少年学生来说也不例外。学生要在竞争中创造、开拓、成熟，即在竞争中增长知识、提高能力、增长才干，首先要具有健全的竞争心理。因此，增强竞争意识，培养健全的竞争心理，是今天教育中不可忽视的内容。

目前学校、社会举办的各种知识竞赛，各类智力测验，都是为了利用竞争心理，激励学生奋发学习，并从中发现人才。一般地说，青少年的竞争心理既复杂又单纯，且易走上极端，他们的竞争有时甚至只是为了超过他人。因为他们竞争的环境是学校，竞争的伙伴是同学，竞争的主要内容是学习和各类文体活动，竞争的目标是为了取得好成绩，同时为了满足青少年好胜的心态。所谓少年气盛，他们会不顾一切地憋着气干。这种竞争的心理状态如不加以正确的引导，可能会由于好胜或嫉妒而使竞争带来的结果不是共同提高，而是"两败俱伤"，既伤了和气又积下怨恨，这对加强班集体建设和大面积提高教育质量极为不利。

心理学研究表明竞争具有目的性和排他性，也就是说，竞争的结果往往是只有一方能获得胜利的果实，要在竞争中取胜必须拥有绝对的优势。竞争的这一特点决定了现实社会中竞争的心理分为两类：健康的竞争心理和不健康的竞争心理。健康的竞争心理要与竞争者自身的年龄发展阶段相适应，这体现在认识水平、高尚的情操、积极的情绪、超越客观现实的意志行动等个性特征上，表现在积极向上、奋发进取的外在行动上。不健康的竞争心理则是建立在与其年龄发展阶段不相适应的认识水平、消极的情绪、薄弱的意志、不良的动机和行为占优势的缺陷性个性特征上。

不健康的竞争心理不仅会对竞争对象产生直接的不良后果，而且对于整个社会都有着消极影响。在教育教学活动中，教师要注意纠正学生的不健康竞争心理，避免造成不良后果。下面就是一个因为个人具有的不健康竞争心理而酿成惨剧的案例：

陈正平本来是一个在南京汤山附近经营小餐馆的老板，生意虽然不算火暴，但维持生计，养活家庭是没有问题的。正当陈正平享受自己创业的喜悦时，在他经营的小餐馆附近一家新的餐馆开业了。很快这家新开业的餐馆因为厨师手艺好，饭菜可口，抢走了不少陈家餐馆的客人。本来生意场上有竞争是必然的。但是，陈正平有个不好的毛病，就是心胸狭窄。眼看自己餐馆生意冷清下来，他不是想办法提高自己的饭菜口味，而是把希望寄托在歪门邪道上。

一天趁那家餐馆的人员不注意，陈正平悄悄地把自己从地摊上买来的剧毒物品"毒鼠强"带进了人家的厨房。这就是震惊中外的"南京汤山投毒案"。事件造成了极为恶劣的影响，现在已经被作为典型恶性案件载入《世界重大灾害事件记事》一书中。

教育学生养成健康的竞争心理既可以营造班里的良好氛围，从长远来看甚至可以避免发生像"南京汤山投毒案"这样的事件。教师培养学生的健康竞争心理首先要让学生明白竞争的目的，不必非得拼个你死我活。很多时候说竞争让人类社会获得进步，是因为竞争的参与者都在竞争中获得了提升和进步，而不是因为竞争导致的当事者的两败俱伤。

可口可乐公司和百事可乐公司历来都在世界饮料行业存在着巨大的竞争。他们都盯死了对方，只要对方一有新动作，另一方肯定也会有新花样。可口可乐早在20世纪20年代便在古巴用飞机在空中喷出烟雾，画出"COCA－CO-LA"字样，可惜因为缺少经验而失败。百事可乐在1940年更是一下租了8架飞机，飞了14.5万千米，在东西两海岸城市，以机尾喷雾，写下百事可乐的广告。可口可乐当然不会示弱，为强化国民第一饮料的形象，可口可乐赞助了1939年的纽约世界博览会，还请了很多名流前来助威，并将其照片刊登在杂志封面。但相比之下，百事可乐的宣传方式更有创意。他们专门设计了一套卡通片，而且还创作了一首看似极普通却风靡全美的广告歌曲。两大巨头在竞争中可谓不遗余力，使出浑身解数来击败对手，但结果却是二者都有了长足的发展。可见，只有不断地竞争，才会有生机和活力，才能不断地克服困难，一直向前。

培养学生健康的竞争心理，教师既要给予其积极的鼓励，又要耐心地疏导。启发学生把竞争的目标放大一些、放远一些，不要追求一时的痛快和满足。教师不仅要帮助竞争心理强的学生，同时更要鼓励竞争心理不强或较弱的学生丢掉思想上的种种疑虑，在竞争实践中不断提高心理上的承受力。下面是一位在这方面很成功的班主任的经验：她所带的班级有个明显的特点就是学生学习努力，成绩突出但是竞争意识普遍不强。针对这一情况，她机敏地以班内一位同学参加"美国中学生数学竞赛选拔赛"并取得好成绩为契机，教育学生为了将来更好地立足社会，投身建设，应该在中学时代注意自己心理品质的培养，特别是适应当今社会的竞争意识的培养。同时在班内开展"要竞争不要妒忌"的讨论，提高了学生的思想境界，激发了大多数学生的竞争欲望。结果在这一心理因素的推动下，她的班级接二连三地获得各种竞赛的优胜奖。难能可贵的是，这位班主任对于参赛而未能获得名次的学生，也能及时对他们做好心理平衡工作，使之继续保持上进的势头，提高心理的承受能力。

培养学生健康的竞争心理，还要在着眼于目前的同时放眼于未来，要不断引导他们向高层次发展，不断地扩大竞争的目标。让他们以班级为起点，敢于在全校、全省乃至在全国的重大竞赛中，与同龄强手一试高低。只有从他们年轻时就培养起这种"初生牛犊不怕虎"的精神，才能奠定他们健康的竞争心理基础。

1 + 1 > 2

——培养学生的合作心理

一个篱笆三个桩，一个好汉三个帮。

人长有一双手，每个手上都有五根手指，这五根手指不可能分开来使用，只有五根手指合作，这只手才是最有用的。

一天，五根手指在一起闲着没事，就谁是最优秀的话题争吵起来。

大拇指说："在咱们五个当中我是最棒的，你看，首先，我是最粗最壮的一个，无论赞美谁，夸奖谁，都把我竖起来，所以我是最棒的。"

这时，食指站了出来说："咱们五个我是最厉害的，谁要是出现错误，谁有不对的地方，我都会把他指出来。"

中指拍拍胸脯骄傲地说："看你们一个个矮的矮，小的小，哪有一个像样的，其实我才是真正顶天立地的英雄。"

到无名指了，他更是不服气："你们都别说了，人们最信任的就属我了，你们看，当一对情侣喜结良缘的时候，把那颗代表着真爱的钻戒不都戴在我的身上么！"

到了小指，看他矮矮竖竖的，可最有精神，他说："你们都别说了，看我长得小吗？当每个人虔心拜佛、祈祷的时候不都把我放在最前面吗？"

手指头的争论没有任何意义，因为每根手指都有自己的长处，也有缺点，只有取人长、补己短，相互合作才能成就完美！

心理学理论认为，在一个集体中，每个人都不愿意自己被孤立，而会尽力使自己趋同于集体、融合于集体。

合作是一种精神，它无处不在，人类的世界因合作而精彩，我们的生命因合作而美丽！这个时代，呼唤许多精神，而合作精神将永远是推动时代前进的不竭动力。下面的小故事也许能让你深刻体验合作的力量。

《圣经·旧约》上说，人类的祖先最初讲的是同一种语言。他们在底格里斯河和幼发拉底河之间，发现了一块异常肥沃的土地，于是就在那里定居下来，修起城池，建造起了繁华的巴比伦城。后来，他们的日子越过越好，人们为自己的业绩感到骄傲，他们决定在巴比伦修一座通天的高塔，来传颂自己的赫赫威名，并作为集合全天下弟兄的标记，以免分散。因为大家语言相通，同心协力，阶梯式的通天塔修建得非常顺利，很快就高耸入云。上帝耶和华得知此事，立即从天国下凡视察。上帝一看，又惊又怒，因为上帝是不允许凡人达到自己的高度的。他看到人们这样统一强大，心想，人们讲同样的语言，就能建起这样的巨塔，日后还有什么办不成的事情呢？于是，上帝决定让人世间的语言发生混乱，使人们互相言语不通。人们各自操起不同的语言，感情无法交流，思想很难统一，就难免出现互相猜疑，各执己见，争吵斗殴，最后丧失了合作的可能！看，似乎上帝都怕人们合作，可见合作之威力有多大！

这是一个有合作才能取得成功的时代，我们每个人的智慧和力量都是有限的，任何人想要成功都离不开他人的帮助。任何天马行空、独来独往的行为，在这个高度组织化、协约化的社会中将不再有一席之地。合作是社会正常发展的必要条件，而以公平为基础的合作才是良好的合作。在这种合作中，人们各自的积极性和创造性都会得到应有的发挥，个人的利益也会得到应有的保障，同时也避免了不必要的内耗，从而推动了社会高效和谐地运转。在学校的教育模式中，学生大部分时间都是以一个群体的形式存在的。这些学生的群体大一点的可以是一个学校，或者是一个班级，常见的班级里的小组也是一个小群体。

群体的生活方向和学习目标，会激发学生个体对集体荣誉和集体行为模式归属的愿望，同时对群体中个体成员的心理和行为起着微妙的感染陶冶作用，形成对学生个体的心理激励。而学生个体的心理体验和情绪宣泄，也会受到群体行为模式的影响和同化。学生个体间的交流、模仿又能唤起各自积极的思想震动，因而促使学生个体对自身思想与行为的自觉监督调节。所以说，建设一个善于合作的优秀的班集体，在教育教学活动中有着十分重要的意义。

恩格斯讲过一个法国骑兵与马木留克骑兵作战的例子：骑术不精但纪律很强的法国兵，与善于格斗但纪律涣散的马木留克兵作战，若分散而战，3个"法"兵战不过2个"马兵"；若百人相对，则势均力敌；而千名法兵必能击败一千五百名马兵。这一事例说明法兵在大规模协同作战时，发挥了协调作战的整体功能。同时也说明系统的要素和结构状况，对系统的整体功能起着决定性作用。

成员之间相互合作能够达到意想不到的惊喜，这一点不仅人类知道，动物界也在不断地应用。蜜獾是一种鼬科动物，分布范围很广，它的皮松弛而又非常粗糙，以不怕蜂蜇蛇咬出名。这种动物最喜欢吃蜂蜜，但是野蜂常把巢筑在高高的树上，蜜獾不容易找到。但是，蜜獾有一个好伙伴——导蜜鸟，它们常常相互合作，共同捣毁蜂巢。目光敏锐的导蜜鸟发现了树上的蜂巢后，便去寻找蜜獾。为了引起蜜獾的注意，导蜜鸟往往扇动着翅膀，做出特殊的动作，并发出"嗒嗒"的声音。蜜獾得到信号，便匆匆赶来，爬上树去，咬碎蜂巢，赶走野蜂，吃掉蜂蜜。导蜜鸟站在一旁，等蜜獾美餐一顿后，再去独自享用蜂房里的蜂蜡。

合作是推动人类历史不断前进的动力。人类能够在这个星球上生存下来，并且成为主导性的物种，离不开我们人与人之间的合作。

在我们的课堂上经常出现这样的情形，教师让学生小组合作学习，但学生还是自己做自己的，一点看不到合作的迹象。这是由于教师没有教给学生合作的方法，使合作学习的环节流于形式，失去了它的作用。教师是学生学习的引导者、组织者、合作者，而学生是学习活动的主体，通过给学生一些尝试合作的时间，教给他们进行合作的方法，引导他们去尝试、去探索。这种合作学习才能够激发学生探索的欲望，主动地探索学习方法与策略。同时在小组合作学习过程中，学生难免会产生分歧意见，或意见不统一，或发现新的问题，此时，教师也要精心引导，使学生保持强烈的探索欲望和积极的、主动的学习状态，最终实现合作学习的教学目的。

教师在日常教学活动中，要注意发挥学生团体合作的长处，为学生营造一个和谐积极的班级氛围！

谁都不是独立的

——培养学生的集体心理

一滴水只有放进大海里才永远不会干涸，一个人只有当他把自己和集体事业融合在一起的时候才最有力量。

集体意识是指成员对集体的正确态度（与归属感和认同感相联系的现代组织意识）。在组织中，集体意识一般包括两个层次：

其一，是组织内个别成员的集体意识。

其二，是组织成员群体的集体意识。

就其发展过程来看，前者是后者形成和发展的基础，后者则是前者进一步培养和升华的结果。

法国社会学家涂尔干在论述社会从"机械团结"向"有机团结"转变时，强调重塑社会"集体意识"的重要性，以防止维系社会整合的"集体意识"被各种职业、阶层所分割，使社会陷入混乱状况。社会需要有集体意识的个体成员的存在，如果每个人都顾自己，那么人类群体将很难再继续存在下去。

一个班级组织学生出去春游，班主任安排学生第一天下午先到达一座名山下面的旅馆休息一晚，第二天早上爬山。第二天一早，大家都十分兴奋地整装出发，唯独孙小进同学因为平时讨厌班集体活动就一个人留在旅馆里面。等大家回来讨论起今天的愉快行程时，他却只能在旁边做一个旁听者。后悔不已的小进决定自己再去爬一次山。于是乘大家上车收拾行李的忙乱时间，他悄悄地带上自己的行装开始自己的旅行。但是这山实在太大了，平时整天有父母带着的他又缺乏野外生存技巧，他很快就迷路了……

当班主任发现大家都收拾好了行李，准备清点人数上车时，小进一个人脱离群体去爬山的事情被发现了。大家只能找来了本地的向导去寻找他，但是当专业的救援队伍发现他时，那已经是一具山崖下的尸体了。

这个悲剧的原因何在？根本问题出在小进的思想上。他平时就不喜欢和大家一起玩，做事只想自己，缺乏集体意识。如果不是因为他有这样的意识也许悲剧就不会发生。

个人的力量很薄弱，个人的智慧像大海中的一滴水那样微小，许多工作都要靠集体的力量才能完成。现在的学生自我意识较强，常常以"自我"为圆心，以"个人主义"为半径，画来画去，都离不开"自己"的小圈子，缺乏顾全大局的集体意识。

班集体不同于班级。班级是校内行政部门依据一定的编班原则把若干年龄和学龄相当、程度相近的学生编成的正式群体。班集体是按照班级授课制的培养目标和教育规范组织起来的，以共同学习活动和直接性人际交往为特征的社会心理共同体。班集体比班级有着更深的发展概念。学生作为班集体的构成成分，任何一名学生都是这个集体中不可或缺的一分子。学生要想获得良好的发展就不能离开班集体而独立存在。教师作为班集体的建设者和管理者，如何培养学生的集体意识呢？

在学校的班级管理中，教师应善于建设班集体，让学生有一个必要的良好的学习环境，并通过培养学生的集体观念，从而使学生明确：班集体是肥沃的大地，而自己是生长在这大地上的一株小草，离开了大地，自己将不能生存。如果班集体凝聚力不强，则不能给学生有力的依靠。因此，学生要学会依靠大家、依靠集体，"我为人人"才有可能"人人为我"。失去了力量和源泉，就是纵有"力拔山兮气盖世"的能耐，也总有失败的时候。

前几年流行的校园电视剧《十八岁的天空》里有这样一个小故事：班主任古越涛与他所带班级全班的同学打赌。赌约是：如果他们这个高三毕业班能在最后一次模拟考试时，成绩取得全年级第一，那么古老师就向他们的英语老师裴裴表达自己的爱慕之情。

赌约签订后，整个班级的情况转变了很多。学生们结成了在学习上的帮扶小组，学习好的带领学习差的，很多平时不喜欢学习的学生也开始主动地拿起了课本。

虽然故事和现实有很大的差距，但是不管故事结局如何，毕竟这里透露出一个信息，就是积极的集体意识对学生具有很大的促进作用。

一滴水只有放进大海里才永远不会干涸，一个人只有当他把自己和集体融合在一起的时候才最有力量。教师首先要让学生明白这些道理，才能晓之以理，动之以情，导之以行。在班集体的管理建设中，我们会经常发现一些现象，有的学生怕影响学习，或者怕得罪了同学，只是自己专心学习，而不愿意担任班干部去协助老师工作；有的学生则对班级的事务总是冷眼旁观，不参与学校和班级的活动；有的学生从来不去帮助在学习、生活中需要帮助的同学，做事都是以自我为中心。这些同学，总是把自己包裹得很紧，或许这样是在学习上胜人一筹，却鲜有朋友，遇到困难也很少有人乐意帮助他，时常处于那种离群索居、独来独往的境地。他们或许也意识到这种孤独寂寞的情绪对自己的不好影响，但是又无法放下自己的面子去主动和其他同学交往。"独学而无友，孤陋而寡闻"，是这种人处境的真实写照。如果班里有这样的学生，那么班级就容易产生不和谐的情况，并导致人心涣散，各自为政。针对这些情况，教师不妨巧妙地运用时机对学生进行集体主义教育。下面看一个教育案例：

山东一所高中的一位高级教师，一次他发现自己的班级里面出现了这样一个情况：学生李某的家境比较富裕，而自己又不喜欢做值日。于是他就用自己的零花钱请同学王某替自己做值日，代价是一次两元钱。让学生做值日打扫卫生本来是为了锻炼学生的生存能力和热爱劳动的习惯，但是这里却被两个学生变成了金钱交易。

正好当时有位家境不好的女同学因为无力支付学费要申请退学。这位老师抓住这个时机，找几位班委商量组织了一个动员大家捐款的活动。这个活动开展后，大家便十分踊跃地参与，一些同学知道情况后马上捐出了自己的零花钱。家境较好的李某更是把父母给的两百块钱慷慨地捐了出来。那位要辍学的同学看到大家的捐款，热泪盈眶地说："今天我真正感觉到了集体的温暖，我感谢老师和同学们。"事后当老师和李某谈起他雇人替他做值日的事时，李某马上告诉老师，那样做是错误的，捐款的事对他教育很大，他以后不会再犯找人替做值日那样的错误了。

　　集体意识的形成总是要受到来自各方面的干扰和制约，所以集体心理的培养在教师工作中是一项重要但又很难落实的工作。作为教师，必须要有持之以恒、深入细致的工作态度。此外，平时要善于观察和把握学生的思想动态，积极地捕捉生活中的教育题材对学生进行教育，不断地提高学生的认识，以便使学生形成良好的集体意识，并不断地巩固和发扬。

做个敢于担当责任的人

——培养学生的责任心理

尽管责任有时使人厌烦，但不履行责任，只能是懦夫，不折不扣的废物。

马克思主义认为，人具有主动性，人在改造客观世界中不断改造自己。长期以来，我们的教育忽视了学生的主体地位，一切从社会出发，从教育者的主观愿望出发。因此，学生作为接受教育的客体，实际上是处于被动的、受教育的地位，而不是被当做活生生的有血有肉的人来对待，因而没有自我，没有主体意识，没有完整的精神。

1964年3月，纽约的克尤公园发生了一起震惊全美的谋杀案。一位年轻的酒吧女经理，在凌晨3点回家的途中，被一男性杀人狂杀死，时间长达半个小时之久。据事后调查，当时公园附近公寓里的住户中有38人看到或听到女经理被害的情形和反复的呼救声，但没有一个人下来救她，也没有一个人及时打电话给警察。事后，美国大小媒体同声谴责纽约人的异化与冷漠。

然而，两位年轻的心理学家——巴利与拉塔内并没有认同这些说法。对于旁观者们的无动于衷，他们认为还有更好的解释。为了验证自己的假设，他们进行了一项实验。他们让72名不知真相的参与者，以两人一组或四人一组的两种方式，与一假扮的癫痫病患者保持一定的距离，并使用对讲机通话。在他们交谈的过程中，那个假病人大呼救命。事后的统计数据出现了非常有意思的现象：在两人进行通话的那组，有85%的人冲出工作间去报告有人发病；而在有四个人同时听到假病人呼救的那组，只有31%的人采取了行动！

心理学家通过大量的实验和调查发现：在不同场合下，人们对责任的不同意识导致他的行为是不同的。当一个人面对任务时，他会清醒地认识到他的责任并勇于承担，而如果有许多人共同面对的话，责任就由大家分担，产生一种"我不去做，由别人去做"的心理或"看别人会不会做"的观望心理。

现代建构主义教育理论认为：一切教育活动的前提，是学生必须进入、存在于教育的世界中，并让教育世界成为人创造的有意义的"生活世界"。根据这一理论，教师应改变用抽象的、无生命的规章、教条教育学生的方式，让学生主体从形式上的参与变为实质上的参与，使他们"获得""反思""设计"，不断地进行自我否定与自我生成，锻炼他们辨别是非善恶、自主选择价值和行为的能力；让他们在生活里学会自我修养，在思想道德上不断调控自我、完善自我、超越和创新自我，从而提升自己的人格境界。所以，在教育过程中，教师要切忌事事包办，而要大胆放权，使学生在自我约束、自我激励和自我调节中达到自我教育、自我改善的目的，让学生成为自我教育的主人。如打破班干部任用制度，采用班干部轮换制，引入一日班长或一日小组长的方法，为每个学生提供均等的机会，增强每个学生的责任感、使命感，避免"责任分散效应"产生的后果，做到人人有事做，事事有人管，人人明责任，个个担风险。或者在开展集体活动时，采用一人为主、多人协作的专项任务承包制，做到分工协作、责任上肩和风险共担等。

有一位教师经过自己的观察，发现在课堂评价学生的时候，如果教师是直接表扬学生个人的，学生往往都会很在意，并且可能会维持很长一段时间，而且其他同学也一下子会以这个同学为榜样，都向这个同学学习。但如果教师是评价某个小组好或者不好的时候，学生的触动并不是很大，他们还是会自己做自己的事情。

这是为什么呢？这种现象符合了心理学上的旁观者效应（个体对于紧急事态的反应，在单个人时与同其他人在一起时是不同的，由于他人在场个体会抑制利他行为）。心理学家做过大量的研究证实：在群体情景中会产生"责任分散效应"。也就是说，当出现某人需要他人帮助的情景时，如果只有一个人看到，这个看到的人会把自己的责任看成是100%；如果还有其他人在场，那么，他会觉得每个人都应该有一份责任，自己的责任就减轻了，心理学上又叫

"旁观者效应"。上述这位教师的发现就是一种"旁观者效应"，当评价针对某个学生时，每个同学都会对比自己的行为；而当评价指向某个小组时，评价的主体是小组，第一责任在整个小组，第二责任才落在每个小组成员头上，每个小组成员觉得自己没有被直接肯定或否定，做得好与不好都是间接责任，有一种"事不关己，高高挂起"的感觉。

教师要让学生明白：人生活在世上，社会赋予你一种责任，你就得承担一种责任，就要对自己的行为负责，因为你是社会的一员了，如果自暴自弃，自己的事自己不管，就会成为社会的负担，会对社会进步造成消极的影响。

（该文部分内容引自山东省特级教师马际娥《巧用心理效应，提高德育效果》，《青少年研究》2005 年第四期）

从依赖走向独立

——让学生克服依赖心理

人只有克服依赖性，经受住了环境的磨炼和考验，才能走向成功与辉煌。

《现代汉语词典》中这样定义：依赖，指依靠别的人或事物而不能自立或自给。我国现在实行的是独生子女的政策，这个政策无疑减轻了人口压力，但同时也引发了不少社会问题。由于父母只能生一个孩子，所以他们便把所有的爱都给了家里的"独苗"。这种溺爱带来了一系列诸如依赖等问题。

京京是一名小学生。他三岁时，父母离异，他和爸爸生活在一起，爸爸是单位的普通职工，家里的经济状况一般。京京自幼失去母爱，爷爷和奶奶觉得他比别的孩子可怜，所以对他关怀备至，几乎所有的事情都由奶奶包办代替，以致到二年级了他还不会系鞋带、穿衣服，连吃饭也得奶奶喂。家庭过分的溺爱导致其胆小、懦弱。上课时，只要教师走到他跟前，他就显得很紧张，正在写字的手就会打战，无法书写。要是教师提问他时，他就会脸和脖子都涨得通红，越是急就越说不出话，如果继续追问他就会掉泪，但仍旧一言不发。因此，小伙伴们也都不喜欢和他一起玩了。他也变得越来越孤独。

像京京这种情况已经难以适应学校的正常生活和社会交往了。这种现象产生的原因主要在于家庭教育，最大的敌人就是来自父母与长辈的溺爱。现在，每个家庭只有一个孩子，孩子便是这个家的未来和希望，真是"捧在手里怕掉了，含在嘴里怕化了"，家长不让孩子受一点儿累，吃一点儿亏，把自己当初没有得到的恨不得在孩子身上全补回来。怕孩子被别人欺负，不让孩子同小朋友交往，上学、放学都有专人接送，孩子被完全"囚禁"在大人认为很"舒适"的环境里。这样做的后果有两种，一种孩子像京京一样胆小、恐惧、焦虑和自卑；另一种则是恃宠、骄横、自负和目中无人。有人形象地称之为"小奴隶"与"小皇帝"。这两种孩子在与别人交往时不自觉地都带上了自身的特点，他们不知道该怎样与小伙伴交往，因而不受大家欢迎。

教育心理学认为，学生的依赖心理，如果得不到及时纠正，发展下去有可能形成依赖型人格障碍。这是一种病态的人格，患者在生活的很多重大领域里都放弃了自己对他人的义务，并且让被依赖者的需求取代了自己的需求。他们缺少自信，对于照顾自己很没把握，常称自己下不了决心或者不知道如何做、做什么。这些行为的很大部分原因出于患者相信别人比自己能干，也有可能是因为害怕冒犯被依赖者而对表达自己的观点犹豫不决。

教育的目的是培养出具备独立健康人格的人，任何人都不希望下一代人是只能依赖自己的"鸡肋"。虽然每个父母和教师都对孩子抱有美好的期待，但是他们的很多行为却是在养成孩子的依赖性。多少次讨论课，教师为了节省时间或者是别的原因会无情地打断正在发表自己看法的学生！多少个摔倒了想自己爬起来的孩子，"享受"了父母提供的搀扶！多少次孩子说"我自己可以"时，你露出疑惑的眼神！正是这些小细节让孩子失去了养成独立人格的机会。这让笔者想起了清朝名臣刘荫枢教子的故事。

刘荫枢是陕西韩城人，清朝康熙年间的名臣，最高官至贵州巡抚。这位刘大人到了退休年龄就辞官告老回乡了。我国当时有德行的士绅回乡后往往会给相邻做些好事，这位刘大人也不例外。但是他的想法却被自己的孩子们认为有些"疯狂"。原来他想用自己毕生的积蓄为家乡建一座便民桥。子女都一脸不高兴地对老爷子说："您当了一辈子大官，我们没有跟您沾到一点光。以前是因为不贪别人的，现在却又要把自己的所有积蓄来建桥！您是得了一个清名，但是孩子们一点可以继承的基业都没有了呀！"刘荫枢并不理会孩子们的苦苦哀求，他用尽积蓄，历时五年，终于修成了全长180米的大桥，并给这座桥取名"毓秀桥"。

桥修好之后，刘荫枢为了不让后世子孙要挟敲诈百姓，以15两白银的价钱把桥卖给了官府。事后刘老爷子意味深长地对子女说："我之所以用全部积蓄修桥并把它几乎无偿地给了官府，是想用事实告诉你们：自己的路要自己走，自己的生活要自己创，靠天、靠地、靠父母不如靠自己！"他的子孙并没有因为他分文不留而贫困落魄，很多人日后都成了国家的栋梁之才。刘荫枢不留分文给子女的做法，不仅在当时成为美谈，后世也把他作为学习的榜样。

应该说，刘荫枢注重孩子自强精神的培养是具有远见卓识的，而他用毕生的积蓄来教育孩子，杜绝了他们的依赖心理，可谓用心良苦。如果哪位教育者还在为孩子依赖性太强而犯愁，不妨学学刘老先生的精神。另外一个反面的事例与中国近代历史上的一位大人物有关。

左宗棠作为近代历史上的著名人物，几乎无人不知、无人不晓，他干过很多惊天动地的事情，收复伊犁、开设福州船政局这些都成为美谈。但是这位左大人晚年却也经历了一件尴尬事。左宗棠晚年曾经一度回到长沙想给自己在家乡建一座宅院，以备子孙万世享用。昔日的疆场猛将左大人，对自己的豪宅十分在意，经常到工地亲自检查施工和用料的情况。有位热心的老工匠看他如此细心，就上前对他说："大人，您放心吧！我们这些人都是一流的工匠，这长沙城里很多府第都是我们修建的。我参与修建的大户人家的府第，从来没有发生过质量问题，但屋主易主却是常有的事。"这位在千军万马面前都毫不畏惧的左大人，听了老者的话之后，不觉满面羞愧，叹息而去。

那些惯于依赖父母的官宦子弟很多在父母亡故之后经历不了几代便钱财尽失，也就是俗语所言"富不过三代"！同样是疼爱子孙，刘荫枢把钱财散尽，教给孩子独立，培养出了有用的栋梁之才；而许多官宦留下大堆钱财，却换来了子孙后代的无用窝囊！依赖性格的危害有多大在这里不言自明。

任何个体都有追求独立的倾向，学生依赖性的养成多是由于外界环境的影响。针对有依赖心理的孩子，教师必须注意对其独立人格的培养。这里给大家一些实用的建议。

首先要在家庭内改变孩子。家长要培养孩子自己动手的习惯。家长要有耐心，因为孩子刚开始学做事时可能会笨手笨脚，甚至磕磕绊绊。家长要放心让孩子去做，不怕麻烦，在旁边给予必要的指导，并及时给予反馈，有进步时要表扬、鼓励，增强孩子的责任感和自信心，从而减少他们对父母的依赖心理。

其次是在学校创设环境改变学生。教师要更多地关心、鼓励学生与他人交往，组织各种活动小组让他们参加，对他们的哪怕一点点的进步也要及时鼓励，使之得以巩固。教师可对他们进行一些交往技巧的指导，如微笑、关心他人等，使他们学会正常的交往。

　　成长是一个循序渐进的过程，矫正学生的依赖心理，教师要不怕麻烦，不嫌学生添乱、费时，也不要嫌他做得不好，只要他有参与的意识，就应以鼓励为主，对其进步作出充分肯定，鼓励他下次做得更好。这样既减轻了教师的压力，也为学生日后独立进入社会奠定了基础。

化嫉妒为动力

——让嫉妒心理远离学生

嫉妒这个恶魔总是在暗暗地、悄悄地毁掉人间的好东西。

嫉妒心理是使人心变坏、远离快乐的毒药，沾染上就会痛苦万分而无法自拔。嫉妒别人，不会给自己任何的好处；嫉妒别人，也不可能减少别人的成就。

有这样一个故事：

一个小伙子非常幸运地遇到了上帝，于是他请求上帝能够满足他的一些愿望。

上帝对他说："从现在起，我可以满足你任何一个愿望，但前提是你的邻居必须得到双份。"那人听了高兴得手舞足蹈，但静下来仔细一想后心里就陷入了矛盾之中：要是我得到一栋豪华别墅，隔壁那个丑八怪就会有两栋这样的房子！要是我得到一箱金子，那他就会得到两箱金子！最令人生气的是，要是我得到一个绝色美女，那个惹人讨厌的家伙就同时拥有两个绝色的美女！

小伙子越想越气愤，不知该提出什么愿望，他实在不甘心让那个讨厌的邻居占便宜。最后，他咬咬牙对上帝说："请您挖去我一只左眼吧！"

小伙子因为不想让别人得到自己双份的愿望，而选择了挖去自己的一只眼睛。他为什么会作出这个残忍的选择，完全是嫉妒心理在作祟。

嫉妒是人类的一种常有的心理。我国著名的心理学家朱智贤主编的《心理学大词典》对这个名词的定义是："与他人比较，发现自己在才能、名誉、地位或境遇等方面不如别人而产生的一种由羞愧、愤怒、怨恨等组成的复杂情绪状态。"

嫉妒心理几乎人人都有，它普遍存在于常人的行为、言语以及思想之中。从心理学角度来看，嫉妒是一种不健康的心理。无论是何种形式和内容的嫉妒，都有害于保持正常的人际交往及健全的社会生活。在日常生活中，我们不知不觉地受到别人的嫉妒，自己也在不知不觉中对别人产生嫉妒之心，而被嫉妒的人常常是自己周围熟识的人。就像上面故事里的那个小伙子，因为担心自己的邻居得到的比自己多、过得比自己好，所以宁愿舍弃自己的美好梦想反而选择丢掉左眼！假如他只是想着实现自己的理想而放弃那份嫉妒的心态，那他得到的就不是自己的悲剧了！小伙子的故事提醒我们：嫉妒真是害人又害己啊！

嫉妒程度有浅有深，程度较浅的往往深藏于人的潜意识中，不易觉察，对人类的伤害也不太严重。这种初级层次的嫉妒存在十分广泛，很多时候它们没有造成严重的后果是因为得到了主体的克制。

一位留学美国的中国学生和朋友谈起了自己看问题视野的变化：上小学时因为成绩出类拔萃，他考上了县城的中学。到了之后发现第一不再那么永远属于自己，于是幼小的心灵中产生了一些想法：比自己好的同学原来都有好多漂亮的铅笔，自己却没有，老天真的很不公平啊！几年后，经过自己的努力，他又成为他们县中学的第一了。但是他的心里却在想：人与人之间是不平等的，为什么自己没有像别的同学一样的好衣服呢？

高中毕业，这个年轻人考上了北京的某所大学，可在大学里他的优势更是丧失殆尽，学习成绩连中等也保不住了。看到城里的同学是好吃好喝，早上蛋糕牛奶，中午大鱼大肉，想想自己整天白菜馒头，怨愤和嫉妒就好像潮水涌上心头。

大学毕业他得到了留学美国的机会，亲眼看到了五光十色的西方世界，但是嫉妒、自卑、怨恨却忽然一扫而光了。原来自己选取的比较标准发生了变化，看到的不再是自己的同学、同事和邻居，而是整个世界。

故事里面的留学美国的学生其实一直都在进行适当的心理调试，他虽然也有嫉妒，但是这种心理在他所掌控的范围之内，所以没有造成很大的危害。

程度较深的嫉妒心理却与此有着很大的区别，这种心理分为显意识嫉妒心理、危险的变态嫉妒心理等。这种心理状态往往会自觉地显露出来，引发一系列嫉妒行为，造成对嫉妒者本身和所嫉妒对象的心理和生理的伤害。

在教育教学活动中常常会发现，班级中同学之间的矛盾很大一部分是由嫉妒引起的，而且很多嫉妒都是我们上面提到的会表现出来的那种。例子随处可见：因嫉妒他人而"打小报告"，散布谣言；别人的文章被老师表扬了，就说是抄袭的；别人的分数高了，就说是有答案等。这里要提醒大家注意的就是危险的变态嫉妒，下面的故事也许能让大家对它有更深的理解。

卢刚一直以来都是大家眼中十分优秀的学生，18岁以优异的成绩考入北京大学物理系，1984年通过CUSPEA考试，本科毕业后进入美国著名的爱荷华大学物理与天文学系攻读研究生。就是这位家人和亲戚心目中的榜样，却制造了骇人听闻并且震惊世界的惨剧。

1991年11月1日下午三点半左右，卢刚进入了正在进行专题研讨会的爱荷华大学凡艾·伦物理系大楼三楼的309室，在旁听约五分钟后，他突然拔出左轮手枪开枪射击，先击中自己的博士研究生导师，47岁的戈尔咨教授，并在戈尔咨教授倒下之后，又在教授脑后补了一枪。接着这个优秀的学生又朝他的博士研究生导师助理史密斯副教授身上开了两枪。卢刚在连着伤害了两名恩师之后，又瞄准了当时在场的另一位自己的中国同胞——留学生山林华博士，子弹接连射中了自己的同门同胞。卢刚随后离开这个教室，跑到系主任尼克森的办公室，一枪夺去了他的生命。在确认尼克森死亡之后，卢刚又返回第一现场，发现几个学生正在抢救奄奄一息的史密斯教授，于是又朝史密斯的脑部补发了致命的一枪，同时又给了还有一线生机的戈尔咨教授致命一枪。匆匆结束了几人生命之后，卢刚的目标又锁定在校长身上，他冲入行政大楼一楼111室的校长办公室，向副校长安妮·克黎利前胸和太阳穴连开两枪，又朝办公室内的学生秘书茜尔森开了一枪。做完这些，他到达二楼的203室，用子弹结束了自己的生命。

事后，人们调查发现，这一事件与当年该系的博士论文最高奖学金有着很大联系，卢刚在这个奖学金的评选中败给了自己的同胞也就是被他射杀的山华林。失败的卢刚由嫉妒演变为憎恨，在憎恨中制造了悲剧。卢刚即是典型的被嫉妒毁灭的例子。现代社会嫉妒心理严重地影响着学生的心理健康，已经成为很多教育问题的源头所在。

嫉妒心理的危害是严重的。对学生来说，首先，嫉妒心理影响身心健康。嫉妒心强的人更容易患上一些心理和生理疾病。由于他长期处于一种不良的心理状态中，情绪上总有压抑感，久而久之可能导致器官功能降低，产生不良的生理和心理的病变反应。同时，它又可引起忧愁、消沉、怀疑、痛苦、自卑等消极情绪。这样一来恶性循环，会严重损害身心健康。

其次，嫉妒心强影响学习。嫉妒心强，直接影响人的情绪，而不良的情绪会大大降低学习的效率。另外，嫉妒心强可能使学生结交不到知心朋友。嫉妒心强的人往往事事好胜，常想方设法阻止别人的发展，总想压倒别人。这可能使同学们想躲开他，不愿与他交往，从而给他自己造成一个不良的人际关系氛围。

针对学生存在的嫉妒心理，教师要有准备地帮助他们，以免酿成严重后果。下面是一些小诀窍：

首先，给学生客观认识和评价自己的机会，帮助学生形成正确的人生定位。世间万物发展是不平衡的。梅花冬天一枝独秀，菊花秋天傲霜盛放，这是不可改变的客观规律。鲁迅和胡适都是中国近代文坛的泰山北斗，理论方面胡适的专著一本接一本地出版。理论不如胡适的鲁迅，杂文的漂亮却是胡适不能望其项背的。所以说每个人都有自己较弱的一面，也都有别人所不能及的一面。何必拿自己的弱项与别人的强项比，徒增烦恼呢？因此，我们要全面地认识自己，既看到自己的长处，又正视自己的短处，扬长避短，发现并开拓自己的潜能，不断提高自己，开创新局面。

其次，转化学生的嫉妒心理。其实很多时候，嫉妒的产生多是因为学生之间差距的出现，如果学生能够正视这些问题，学会升华嫉妒心理，把它化为一种奋斗动力，每一时期给自己确定一个奋斗目标，并为此努力拼搏，在不断奋进中，不但会取得很大的进步，嫉妒心理也会烟消云散。把嫉妒心理转化为学生"见贤思齐"的动力，既消除了学生的嫉妒心，又让他们获得了奋斗的目标，可谓"一举两得"，广大教师"何乐而不为"呢？

谁说草儿不是花朵

——帮助学生战胜自卑心理

你所以感到巨人高不可攀，只是因为自己跪着。不信你站起来试试，你一定能发现，自己并不一定比别人矮一截。

珍妮的爸爸死于一场车祸，她的大部分时间是和妈妈一起度过的。因为妈妈没有什么特别的技能，所以母女两人只能过着清贫的生活。珍妮每当看到小伙伴们穿着漂亮的衣服，戴着五颜六色的头饰就无比羡慕，但是家里实在是太穷了，她不想让妈妈为难，所以从来没有向妈妈提过任何要求。她心里一直感到很自卑，所以走路从来都是低着头。

转眼间，珍妮马上就要到十八岁生日了，一天妈妈对珍妮说："过几天就是你的十八岁生日了，孩子，这里是五美元，你拿着到商店里给自己买样礼物吧！"

珍妮手里紧紧攥着妈妈给的钱，低着头快步走到商店，这个商店是小镇最好的，这里有一件珍妮看了很多遍都没舍得买的头饰。她走进商店几步就到了摆着她向往已久的头饰的柜台，冲老板指了一下，老板笑着拿了头饰给珍妮："姑娘，你戴上这个头饰真漂亮！"周围的人也都转过来看着她，珍妮从别人的眼神里看到了肯定。她匆匆付了钱就离开了商店。

这时走在小镇的街道上的珍妮昂首阔步，周围从她身边路过的人都禁不住多看她几眼。到了一个岔路口，突然遇到了镇上最帅的小伙子，珍妮曾经多次偷偷地看过他。小伙子看到这位从天而降的"美女"目瞪口呆，他忍不住走上前来："姑娘，我能约你今晚一起看电影吗？"珍妮面对这猛然降临的幸福不知所措，她轻轻点了一下头，小伙子非常高兴："那咱们就今晚七点在电影院门口见面，好吗？"珍妮还是点头。

看着小伙子离开，她也快步走回家。走进屋子里面，妈妈看着珍妮问："孩子，你给自己买了什么啊？"珍妮高兴地告诉妈妈："我买了一个世界上最漂亮的头饰，戴着它镇上最帅的小伙子都约我一起看电影哪！"妈妈问："给我看看好吗？"珍妮往头上一摸，发现什么也没有，于是她飞快地沿着自己回来的路回去找，最后来到了商店，老板急忙跟她打招呼："姑娘，你付了钱却忘记把头饰带走了！"

自卑就是指人们自己瞧不起自己，它是一种消极的情感体验。上面故事里的珍妮便是一个有自卑心理的姑娘。当她告别了自卑心理，她就变成了全镇最漂亮的姑娘，并赢得了大家的羡慕。在心理学上，自卑属于性格的一种缺陷，表现为对自己的能力和品质评价过低。这种心理表现为对自己缺乏一种正确的认识，在交往中缺乏自信，办事没有胆量，畏首畏尾，随声附和，没有自己的主见，一遇到有错误的事情就认为是自己不好。这种人往往失去做事的勇气和信心。

有几个十五六岁的学生，居住在深山里的乡下。一天，老师告诉他们说，学校准备组织他们搭车到百里外的市里去参加全市的数学竞赛。学生们一听又兴奋又担忧，兴奋的是，自己能够第一次坐上汽车了，能够有机会去城市看看繁华的景象了；担忧的是，自己是山里的孩子，能赛过城市里的那些学生吗？

头发花白的老校长一眼就看出了他们的忧虑，他把这几个学生聚集在一块儿，对他们说："咱们都是山里的孩子，你们都常常上山下田，同学们，你们谁能说出一种不会开花儿的草呢？"

不会开花儿的草？大家想来想去，谁也没有想出有哪一种草是不会开花儿。大家想了半天，摇摇头说："老师，没有一种草是不开花儿的，所有的草都会开出自己的花朵。"

老校长笑了，说："是的，同学们，没有一种草不会开花儿的，其实每一种草都是一种花儿啊。栽在精美花盆里的花儿是一种草，而生长在田塍边和山野里的草也是一种花儿啊。同学们，不论我们生活在哪里，你们和其他人都一样，都是一种草，也都是一种花儿。记住，谁说草不是花儿，没有一种草不会开花儿的，再美的花朵也是草啊！"

很多年过去了，当这几位当年的学生从深山里的乡下走进都市里的大学，成为城市缤纷社会的一员的时候，他们没有自卑，也没有浮躁过，他们总想起老校长的那句话，"谁说草不是花儿，没有一种草是不会开花儿的，而每一种花朵也是草啊。"

奥地利著名心理学家阿德勒说："我们每个人都有不同程度的自卑感，因为人们都发现我们所处的地位是我们希望加以改进的。"的确，自卑是现代社会中一种普遍存在的心理现象，人人都有，学生也是如此。几乎所有学生都有过自卑的体验。偶然的和短时间的自卑，问题还不大，若长期感到自卑又不能克服，就会形成自卑的性格特征，表现为胆小怕事，不敢与同学交往，不相信自己的能力，缺乏竞争的勇气，不敢抬头挺胸地出现在别人面前，总是埋怨自己。

教师是学生人生道路上的灯塔，不仅仅是学生在学业上的指导者，更应该是学生在心理发展上的引导者。当学生出现自卑心理，教师应该从多方面下手，帮助学生克服这种心理，使学生能够健康发展。

1. 帮助学生全面地、辩证地看待自己，正确地认识、评价自己。俗话说"尺有所短，寸有所长""金无足赤，人无完人"。每个人都有长处与短处，教师要帮助学生分析他的长处和短处，提醒他正视自己的短处，更要恰如其分地看到自己的长处。

2. 鼓励学生与人交往，消除他和同学之间的隔膜。让有自卑心理的学生尝试和别的同学进行交往，观察别人对他的态度，通过老师和同学们的共同努力，帮助这些学生矫正性格缺陷，使其能够在班集体中快乐地生活。

3. 创造条件使学生体验到成功、提高其自信心。教师可以有意识地把一些较容易的工作交给有自卑心理的学生做，使他经过一定的努力即可获得成功，通过成功体验，培养其自信心。

4. 教育学生学会运用积极的自我暗示。当学生遇到某些情况教师感到他们可能会产生自卑心理时，教师不妨运用语言对学生进行暗示："别人行，你也能行。""别人能成功，你也能成功。"

5. 引导学生正确地弥补自己的不足。主要有两种弥补办法：一是以勤补拙，二是扬长避短。

6. 注意让学生进行自我激励。自卑的人一般都比较敏感脆弱，经不起挫折和打击。因此，教师应当注意，要善于让学生能够自我满足，知足常乐。在学习上，教育学生不要把目标定得太高。适宜的目标，更容易获得成功，这对自己来说是一种最好的激励，有利于提高自己的自信心。之后，可以适当调整目标，争取第二次、第三次成功。使学生在不断成功的激励中，不断增强自信心。

7. 教师要和学生家长取得联系，寻求家长的配合做好学生工作。发现学生有一点进步，家长就要及时给予鼓励，并利用休息时间多带学生出去走走，开阔一下眼界，多让学生和外界接触，以利于其良好性格的形成。

别担心，有老师在

——帮助学生战胜受挫心理

直面困难，绝不回避，问题就不会再那样棘手。小心翼翼地碰触蓟的叶子，它会刺破了你的手指，但如果大胆地抓住它，它的刺就萎缩了。

挫折，从心理学的观点看是指人们在从事有目的的活动时，由于受到阻碍和干扰，其需要得不到满足时出现的一种消极的情绪反应，如果处理不当，它会给人造成心理压力，从而影响学习和生活的质量，损害身心健康。

处于社会中的人，在生活、学习、工作等多方面，总会不可避免地遭受大大小小的挫折。人们是否能战胜挫折，关键是看人们如何对待它。如果人们能正确地面对挫折，认真分析受挫的原因，顽强地努力，那么就能转败为胜。但是，如果一碰到挫折就认为自己无能为力，从而产生轻视自己的消极情绪，丧失前进的信心，就可能自暴自弃，最终成为一个学习或生活中的失败者。所以，帮助学生战胜各种挫折，是教师对学生进行教育的一项十分重要的工作。

小俊从小在农村长大，中学才来到城里上学。他各科学习都很出色，只有一点，因为原先的学校条件比较简陋，所以小俊的动手能力比较差。

在上课时，每次做动手实验，小俊都是准备得很认真，但是到自己动手做的时候，总是出现错误，经常是顾前不顾后。在旁边巡视的教师没有从学生的接受心理出发，一看小俊出现错误，就着急上火，大声地训斥小俊"真笨""什么都不会"。后来，小俊在教师的责难声中不仅没有进步，胆子反而越来越小，最后连上实验课的勇气都没有了。

小俊在中学一直没有很好地完成一次实验。这成了他的一块心病，他始终对做实验充满恐惧，虽然也曾努力尝试过几次，但心理的障碍让他每次都无功而返。

失败是令人沮丧的，而教师的责难更让人难过。当学生受挫的时候，一句"真笨"可能会令学生伤透了心。如果来自挫折的打击太多，学生会产生严重的自卑感和自我怀疑，结果就真的成了"什么都不会"的笨孩子。

一个遭受挫折的人，都有一段或长或短的心理伤感期，这时候他最需要别人的安慰与体贴。对于一个生理、心理都没有成熟的学生，这种需要就更显得迫切。如果在这个伤感期内，得不到教师的关心体贴，学生幼小的心灵就会感到失落和失望。如果长时间得到的是歧视或者责难，那么学生就会产生受挫心理，害怕再次受挫，把自己封闭起来，以此来保护自己。

当学生遇到挫折的时候，教师首先需要的是冷静，对学生遭遇的挫折能够清晰地作出分析、判断，了解学生的处境，对学生可能会受到的伤害要有所预想。必须在伤害产生之前，及时采取有效的措施，避免出现难以挽回的局面。

科学家做过这样一个实验：他们把一条梭鱼放进一个有许多小鱼的水池里，只要梭鱼饿了，张张嘴，就可以把小鱼吞进肚子里。过了一段时间，科学家用一个玻璃瓶罩住了梭鱼。开始时，小鱼在瓶子外面游来游去，梭鱼就冲上去，企图吞食小鱼，但每次都撞在了瓶壁上。慢慢地，梭鱼的冲撞次数越来越少，最后，它完全绝望了，放弃了捕食小鱼的所有努力。

这时，科学家取走了罩住梭鱼的玻璃瓶，但这时候备受打击的梭鱼已经没有了斗志。无论有多少小鱼在它的身边甚至嘴边游来游去，它都不会再张嘴。最后，这条可怜的梭鱼就这么活活饿死了。

听了这个故事，也许你会说，这条梭鱼真是笨死了。其实梭鱼原来并不笨，捕食小鱼是它的拿手好戏，它是一条能够独立生活的正常的鱼。可是，无数次的碰壁后，梭鱼开始怀疑自己捕鱼的能力，最后彻底绝望了。

人生不是一帆风顺的，总要经历很多失败和挫折。学生更是如此。当他们去努力尝试做一件事情的时候，很可能等待他们的并不是成功，有些时候，需要千百次的尝试和努力。当学生失败和碰壁的时候，教师应该给他们及时的激励，让他们鼓起再试一次的勇气，从而克服困难，获得成功。下面大家看绍兴一中体育组吴丽娟老师写的名为《当学生遭遇挫折时》的文章：

《体育与健康新课程标准》坚持"健康第一"的指导思想，尤其把心理健康放在了重要地位。现在的中学生大多数是在受宠和顺利的环境下成长，尤其是重点中学的学生，以前一直是家庭和学校的焦点人物，现在到了高手如云的高中，在激烈的竞争下难免会有些失落。当他们遭遇到挫折时，我们作为教育工作者，应该怎样去正确地引导他们呢？

教学情境

这是发生在我的课堂上的一个例子。一次素质练习课上，我让学生做高抬腿练习，哨声响后大部分学生都在认真地做。我一边给他们打节奏一边在观察，这时我发现学生钱某上抬的高度和速度都不够，于是我就走到了她面前盯着她，提醒她动作要领并让她多做了十秒钟。做完后我发现她的表情一下子变了，脸色阴沉沉的，一脸的不高兴。当时我想她一定是对我有意见了，肯定是觉得我在有意罚她。我当做没事儿似的进行下面的内容，在练习时也叫了其他几个学生进行正反示范。同时我也在观察钱某，她始终不高兴，我想下课后应该找她谈谈。

下课了，留下了她。我很亲切地问她："怎么了，还为刚才的事不高兴呀？"不问还好，一问她的眼泪开始泛滥了。我呆了，她怎么哭了，我又没有骂她。我还是第一次碰到这样的事，我用了几秒钟让她哭，同时也整理了一下自己的思绪。接着我说："你有什么话想对我说就说吧，为什么要哭呢？"她说："我从小到大一直是最优秀的，无论是在家里还是学校里，每次大家在关注我的时候用的都是羡慕的眼光，然而这次不是，我感觉老师是故意和我过不去，同学们都用轻视的眼光在看我，他们一定在想，我怎么这么没有用，这么简单的动作都做不好。"我现在总算明白她是为什么这么激动了，的确我们学校的学生在高中以前都是各校的佼佼者，平时听到的都是表扬和称赞。现在她感觉老师在批评她，同学在嘲笑她。我对她说："你先别哭，先听老师讲，首先要肯定的是老师叫你单独做练习不是有意和你过不去，这只是教学中的一个正常手段而已，后面我不是也叫别的同学单独做练习了吗，通过你的练习可以使同学们能更清楚地认识到高抬腿练习该怎么做才是正确的，你也是在帮我一个忙呀，老师还要谢谢你呢！其次，你要对自己有信心，不能光凭这么一个动作做得不好就觉得自己不再优异了。你应该更努力，从各方面让大家认识你的优秀；再次，你也要知道，人不可能是十全十美的，人生也不可能是永远一帆风顺的。你要认识到自己的不足，并去努力改正。同时，面对失败和挫折时，要学会调控自己的情绪和心理，找到原因和解决问题的办法，光哭是解决不了问题的。"讲完这么多后我给了她一点时间思考，接着又说："现在怎么样，还生气吗？还有什么要说就说吧。"她头也没抬说："我知道了，没什么要说的了。"我知道她是被动地接受了，于是我说："现在想不通不要紧，你回去再好好想想，有什么问题随时可以来找我，你先回去吧，不过先把眼泪擦干。"她照我说的做了。

回到办公室，我心里也很没底，刚才我的一番话是不是能做通她的思想工作，如果没有效果的话，她今后一定会讨厌上体育课，心里一定会有个疙瘩。如果真这样的话我该怎么去和她沟通呢？我陷入了沉思之中。

又是钱某所在的班上体育课了，上课过程当中我有意识地注意她的一举一动，我发现她变认真了，还经常有意无意地对着我笑，看到她这样我心里也轻松了很多，看来那天我的一番话还是有点作用的。下课后，钱某走到我跟前对我说："吴老师，对不起，上次是我错了，以后我会认真上好每一节体育课的。"听到这句话我还真是有点受宠若惊，赶紧说："没事，其实也不是错不错的问题，你现在已经高三了，应该有一定的承受挫折的能力，不能因为一点不如意就哭鼻子，更不能打退堂鼓。""知道了，谢谢老师。"说完和同学说说笑笑地走了。在后来的体育课上，我发现她比以前活跃了，有时还主动要给大家做示范呢。

反思

从这件事上，我感觉到在今后的体育课上，体育教师要摆正"育体"和"育心"的位置，给体育课注入新的内容。教师在课上除了传授体育知识和技能外，还要学会利用体育课对学生进行心理教育，要组织丰富多彩的体育活动和体育教学比赛，从提高学生的竞争力、意志力、协调能力等各方面提高他们的抗挫折能力，培养学生的丰富情感和坚强的意志品质。要让学生相信你，肯和你说心里话。通过交流和沟通增进学生的心理健康水平，让他们有更好的心理素质来应对复杂的社会和激烈的竞争。

在教育过程中，教师要把握好帮助学生战胜挫折的度，既不可代替学生去处理遇到的困境，又不能对学生的处境不予理睬，冷眼旁观。要避免对处于逆境中的学生责备、埋怨。要知道，未成熟的孩子心理承受能力是有限的，过度的心理压力会使学生崩溃。而老师的支持理解，会带给学生无限的温暖和战胜挫折的勇气；教师的开导、指点，会带给他们战胜困难的信心和勇气。

抽刀断水水更流

——正确处理学生的恋爱心理

禁果格外甜。

上帝在东方的伊甸立了一个园子，把所造的人——亚当安置在那里。伊甸园里长满了果树，树上的果子便成为了亚当的食物。这些树分为生命树和分辨善恶的树。

上帝让亚当看守伊甸园，并吩咐他说："园子里的果子你可以随便吃，但是千万不要吃分辨善恶的树上的果子。"为了不让亚当看守伊甸园的日子太过孤独寂寞，上帝从他身上取下一根肋骨，做成了一个女人，并为这个女人取名为夏娃，让她与亚当为伴。

一天，一条蛇进入园子，它诱惑女人吃掉了分辨善恶的树上的"禁果"。女人吃了之后发现味道特别好，就劝说自己的男人亚当也吃下上帝不让他们吃的果子。他们二人的眼睛一下子就变得明亮了，一下子意识到了自己是赤身裸体的，他们便立刻跑到树后面，拿无花果树的叶子为自己编作裙子遮羞。

过了一段时间，上帝回到了伊甸园，他立刻发现了两人的秘密。看到两人具有了辨别善恶的能力，上帝很生气，为了惩罚他们偷吃"禁果"，把两人赶出了伊甸园，并且让他们和他们的后代不断地经历各种各样的灾难。

这是《圣经》关于"偷吃禁果"的记载。现实生活中人们往往会有这种心理：越是得不到的东西，就越想得到，越是不让知道的东西，就越想知道。这种心理现象在心理学上叫做"禁果心理"。著名诗人歌德曾说："哪个少男不多情，哪个少女不怀春。"豆蔻年华的青少年已开始在心中萌发出不可名状的欲望，一种神秘而又圣洁的纯情在他们心中悄然滋生，这就是对于爱情的渴望。

心理学认为，青少年产生恋爱的渴望主要有以下原因：

1. 青少年的感情处于不成熟期，他们往往分不清性吸引、好感、友谊与真正爱情的差别，所以意识里面会存在很多关于异性和爱情的浪漫幻想。很多青少年经常会把对异性的好感、爱慕、感激、同情、赞许、崇拜等统统当做爱情。

2. 心理学还发现很多青少年谈恋爱的原因是竞争心理或者从众心理。这里竞争心理是指很多学生谈恋爱是因为看到一个或几个自己经常拿来当比较对象的同学或者朋友开始谈恋爱了，所以自己也不甘落后。另外的从众心理更是简单，当一个同学发现自己的大部分朋友都已经有了女朋友或男朋友，于是自己就有了这个打算。

3. 青少年对于新鲜事物的好奇心，往往对学生追求爱情的渴望起到促进和催生作用。当少男少女对异性产生一种原始的爱以后，就总想亲自体验一下爱情的"滋味"。

4. 中国社会大部分家长和老师对于学生的恋爱都视之为"洪水猛兽"，而这种态度往往对带有逆反心理的学生产生相反的效果。一旦家长或者教师极力阻止学生的爱情，那么他们就更想尝试。这是一种"吃不到的果子是最甜的"心理在起作用。

教师对于这个问题如果处理不当，那么很可能会产生灾难性的后果。对于早恋的同学，教师最好的办法是"冷处理"。

教师要本着理解的态度来对待学生。恋爱本身是人类最伟大的温情体现，不是"堕落"或"流氓行为"。其实如果教师回忆自己的年轻时代，也大多有过恋爱经历，对待爱情也是一种紧张、矛盾加新鲜的幸福感。想到这些，教师就能很好地尊重学生的隐私，以理解的态度对待中学生恋爱。下面是《中国中学生报》第1360期高爱华写的《我的学生"恋爱"了》的小故事。

晚自习的课间，我刚走出教室，突然从身后追来一个女生，她交给我一张纸。我疑惑地望着她："给我的？"她点点头很快就跑开了。

回到办公室，我打开那张精美的信纸，纸上竟散发着淡淡的清香。这种纸是那些少男少女用来"交流"的专用信纸。我笑着展开那封信——

老师：

我遇到了一个问题，想和你谈谈。作为青春期的我们，对异性往往情不自禁就会产生好感。现在，我很愿意和男同学在一起，喜欢和他们交朋友。但这样又常被人误会，有的同学在说闲话，说我恋爱了。面对这些，我真的不知道该怎么办？老师，你有过这样的经历吗？你帮帮我好吗？

等待你帮助的学生

看着这封信，我知道她遇到了青春期孩子经常遇到的问题。怎么办？学校的规章制度是严禁学生恋爱，要按制度办事吗？那就该对她的这种想法严加批评。可这样做有效吗？我仿佛看到了她那无助的脸，我笑笑，摇摇头，还是以朋友的身份和她聊聊吧！

我立刻给她写回信。在信中，我感谢她对老师的信任，告诉她处在青春期的孩子是出于生理和心理的原因才喜欢和异性朋友交往，希望引起异性的注意，这很正常，并不是丢人的事。我告诉她，也正是因为你们正处在生理、心理迅速发育的时期，才很难把握感情的"度"，看问题可能不够理智。所以，结交异性朋友还是要谨慎，要学着去广交朋友。至于别人的闲话，如果行得正，流言会"自生自灭"的。

那以后，我很注意观察这位女生，她变得更开朗了，成绩也遏制住了下滑的势头，我想她心中的疙瘩算是解开了。

中学生的"恋爱"问题，是困扰学校管理的一大难题。虽明令禁止，学生却在"暗中操作"，"地下活动"者甚多。要帮助这些花季少年走出恋爱季节，尊重、沟通、引导才是上策。

学生的恋爱问题并不是"偷吃禁果"，教师也不是上帝，所以不能采取上帝一样的惩罚措施。要心平气和地沟通，让他们理解爱情的真实含义和其中的责任才是最妥当的处理办法。这里要谈到的就是对于青少年进行性教育的问题，让青春期的孩子正确地理解爱和性。

我国传统教育历来对学生的性教育不够重视，只是近些年媒体不断报道的"少年妈妈"以及少女怀孕的事件才逐渐引起了社会的关注。当代青少年的性教育是教育界一个不得不谈的话题。早在一个世纪以前，清末"戊戌变法"的领导人之一谭嗣同就主张不要把性问题神秘化，他说正如"藏物于箧"，不让人看，则人们愈想看，如果把它公开出来，人们也就不以为奇了。你越是不对孩子进行性教育，越会引来他对性问题的更大兴趣和关注，对性充满好奇和窥探的欲望，正常的渠道得不到这些知识，就千方百计通过黄色书刊、电影和录像等非法渠道去获得这些信息。所以关于性的知识如果对青少年讳莫如深，反而使他们对性充满了好奇心和神秘感，而不能正确地理解。

最后给各位教师一个忠告：学生的今天就是大家的昨天，虽然社会大环境变化了，但是人类由少年发育到成年终归有些道路是十分相似的，大家一定要像对待昨天的自己那样来理解学生，对待学生的恋爱心理。

没有管不了的学生

——多角度把握学生心理

没有不可教育的学生，只有不善教育的教师。

升入初中的阿成，在分班时就遇到了麻烦：据几位有"经验"的班主任调查了解，阿成在小学阶段就是教师"管不了"的学生，分班时这几个班主任说啥也不要。学校领导很是着急，经过研究，决定将其分到第一次当班主任的王老师班中。遇事爱钻研，一心扑在工作上的王老师虽然也有担心，但还是愉快地接受了这一任务。

为了搞清"管不了"的原因，有针对性地制订转化策略，王老师专门走访了阿成的小学老师。据这位小学老师介绍，这个学生从来就不能完成家庭作业，在课堂上爱做小动作，有时还影响别人，学习成绩差得没法说，不服从老师管理，甚至与老师顶牛，故意气老师。

但阿成似乎对小学老师也耿耿于怀。他说，小时候自己管不住自己，父母又忙，晚上很晚才回家（父亲为出租车司机，母亲在个体玩具厂上班）。自己一个人没人管，玩时间长了，连晚饭也不吃就睡觉，根本完不成家庭作业。第二天检查时，老师就让没完成作业的学生到教室外完成，而老师又讲新内容。就这样，不但原来的作业做不好，也跟不上新知识的学习，成绩越来越差。学习差，上课听不懂，无聊，就做小动作，有时影响别人，经常受批评，被罚站。有时想和老师说一说自己的真实想法，但看到从不正视自己的老师后，到嘴的话又咽了回去。该干什么就干什么，真的就成了教师"管不了"的学生。

这既是"管不了"的原因，也是学生诚实的表现。从阿成的诉说中王老师看到了希望。

入校后的阿成，不仅诚实，还爱劳动，做事认真、细致。王老师就故作武断地任命他为自行车管理小组的组长，并让其自由"组阁"，具体任务是在预备铃响前将本班自行车分类排齐。受到"重用"的阿成不负众望，把这一工作坚持到底。管不住自己的毛病也逐渐改正。

由于阿成基础太差，明显跟不上学习进度，上课有时听不懂，偶尔还做小动作。他虽然知道不对，但已经形成习惯，一时难以改掉。王老师经过多次与他谈话，并征求任课教师意见，果断地决定降低其学习要求，只要他掌握最基本的知识，尽量独立完成作业即可，其他加深、加宽的练习可以不做，但必须坚持课前预习。王老师还经常指导其预习方法。当然，开始的时候难度可想而知，但阿成逐渐从预习中尝到了甜头，积极性、主动性大有提高。对自己能解决的问题也能主动举手回答教师提问。由于能主动投入到课程学习中去，他做小动作的现象逐渐减少，管不住自己的毛病也大有改观。

现在到了初二，阿成仿佛换了个人似的，守纪律，肯学习，虽然成绩不很突出，但对学习充满信心，并且私下多次对同学说："我最佩服王老师！"

分析上面的例子，我们可以了解到：没有"管不了"的学生，只有教师"不会管"的学生。同时，我们从这个例子中也可以得到如下几点启示：

1. 尊重是教育的前提。心理学研究表明，人人都有追求完美、受人尊重和得到信任的需要。人遭受惩罚时，总会有一种自尊受损的心理压力，会出现摆脱惩罚，对抗惩罚的行为。小学阶段的阿成，仅仅因为完不成家庭作业，就被无情地推到室外，形成恶性循环，以致成了有名的"管不了"，实乃是自尊心受到极端伤害所致。面对这样的学生，王老师却能从尊重学生人格入手，从点滴小事入手，发现其优点和长处，为其创造适宜的发展平台，使学生体会到来自教师的关爱，体会到取得成功的幸福。

尊重学生，就是要尊重学生人格的独立性，就是要确实承认学生走向成人、走向完善的发展总趋势，而不能有意无意地贬低或抹杀学生的现有能力和将来的能力。尊重学生，就是要尊重学生发展的阶段性，不能以牺牲学生的成长乐趣来满足我们教育工作者的奢望。尊重学生，就是要尊重学生的可教育性，要以发展的心态，看待学生的失误，帮助他们弥补失误，促进他们健康成长。

2. 转化的关键是找准突破口。从表面看，阿成上课爱做小动作，如果教师仅仅是一味批评、指正，也许会一时有效，但更多的情况是"当面点头称是"，"过后一如既往"，久而久之，师生都会失去耐心和信心，甚至一句"朽木不可雕也"将学生打到另册。阿成在小学阶段的遭遇就充分说明了这一点。而王老师却看透了"爱做小动作"背后的深层问题，从尊重、关心学生着眼，从帮助学生寻找学习方法入手，激起阿成学习的兴趣，促使阿成在课堂上逐步从"无事干"向"有事干"转移。有事干的阿成，不仅渐渐对学习有了兴趣，还无意中改变了爱做小动作的毛病。由此看来，当学生被尊重的需要遇到教师的真诚、关怀和理解时，就会撞击出成功的火花，成功的欲望就会被燃烧起来。反之，学生就会变得缺乏理性，固执、叛逆，走到我们希望的反面。

3. 信任是发展的动力。"说你行，你就行，不行也行"，这句流行的话语，用在别的方面可能会有片面性，但用在教育学生上却是千真万确。面对诚实而又爱动的阿成，王老师仅仅给了他一个"支点"——管理自行车，却使他感到莫大荣幸，因为这是来自于老师的信任！这促使阿成下决心干好这件事，何况他也有干好这件事的能力。面对整整齐齐的自行车，面对来自老师的表扬和同学们的钦佩，阿成就真的认为自己是个成功者。就这样，不断给予良好刺激，不断引导他收获成功，他就会向着人们所期望的目标攀登。恨铁不成钢、简单粗暴只能使其与自己的初衷背道而驰。因此，面对有差异的学生，只能施行有差异的教育，促进其实现适合他们自己的发展。

实际上，"每个人都有不同的智力倾向和智力倾向的组合。由于天赋和后天的教育环境不同，其所表现出的智力才能是不相同的，都有自己的优势和不足。"现实的大量个案也告诉我们，某个方面的"差生"恰恰就是另一个方面的"优生"。理想的教育应该是"不求个个升学，但求个个成功，但求个个成才。"教师职业的价值就在于能正确地判断每个学生智力才能的不同特征及其发展潜质，让学生在教师的信任和期待中，发现自己，肯定自己，找到发展的方向。只有让信任的"阳光"普照学生心灵，给学生的发展注入永不枯竭、绿色环保的"太阳能"，才能为学生成功、成才提供永恒的动力。

4. 沟通是成功的润滑剂。多一点沟通，就会少一点摩擦。著名教育改革家魏书生说过："心灵的大门不容易叩开，可是一旦叩开了，走入学生的心灵世界，就会发现那是一个广阔而迷人的新天地，许多百思不得其解的教育难题都会在那里找到答案。"小学阶段的阿成，得到的多是训斥、罚站，师生之间的不平等使得自己连申辩的愿望都不能实现，常常到嘴的话又都咽了回去，谈何沟通！良好的沟通要求教师首先抛弃师道尊严的传统意识，弯下腰去做学生的朋友。教师要认真倾听学生，仔细观察学生，冷静思考学生，寻找和学生沟通的话题，创设沟通的平台，在沟通中寻找促进学生发展的基石。假如教师多一点倾听，少一点训斥；多一点关爱，少一点惩罚，类似阿成这样的学生也不会成为"典型"。实际上，"没有不可教育的学生，只有不善教育的教师。"教育重在师生间相互信赖，信赖取决于民主平等的沟通。事实上，当学生随意在教师面前展现喜怒哀乐的时候，当学生向教师主动说悄悄话的时候，教育就真的成功了。教师最重要的责任和任务就是要引导学生看到自己潜在的、尚未发展起来的长处和优点，进而确定自尊和自信，形成对自身成长的独立见解。

"每一个儿童都是一个珍贵的生命，每一个学生都是一幅生动的画卷，教育的生机和活力，就在于促进学生个性的健康发展。"

这不应该仅仅是愿望，更应该是行动。

（本文转载自《思想理论教育》2003 年 09 期，作者：徐铎厚，王秋萍）

《名师工程》系列丛书

征 稿 启 事

　　《名师工程》系列丛书是西南师范大学出版社策划、组织出版的大型系列教育丛书。丛书以新课程下的新教学为背景，以促进施教者的教育能力为落脚点，以提高教育质量、提升教师水平为宗旨。

　　丛书首批推出的"名师讲述"和"教学提升"两大系列共二十余品种，其余系列也将陆续出版。为了让广大教师有一个交流、借鉴的机会，同时也为了给广大教师提供更多、更好的图书，《名师工程》系列丛书编辑出版委员会特向全国教育工作者征集稿件。

稿件要求：

1.主题鲜明、新颖，有独创性。

2.主题以提升教育能力为主，也可适当外延。

3.主题要有一定规模、有典型案例支撑。

4.案例要贴近教育实际，操作性强。

5.文章、书稿结构清晰，语言精彩。

　　书稿作者在选题确定之后，请及时与我们做好沟通，具体事宜确定好之后再进行创作；也欢迎用已经完稿的稿件投稿。一线教师如希望参与图书案例的创作，可联系我社策划机构，由策划机构备案，在适合的图书中参与创作。

　　真诚欢迎各位教师踊跃投稿。

联系方式：

西南师范大学出版社高教分社

电话：023-68254356　　　　E-mail：zcj@swu.cn

西南师范大学出版社高教分社北京策划部

电话：010-68403096

E-mail：guodej@eyou.com

西南师范大学出版社
《名师工程》系列丛书目录

系列	序号	书　　　名	主编	定价
名师讲述系列	1	《施教先施爱 ——名师讲述班主任的核心教导力》	杨连山 魏永田	30.00
	2	《在欢乐中成长 ——名师讲述最具活力的课堂愉快教学》	王斌兴	30.00
	3	《用情境抓住学生的眼球 ——名师讲述最能营造氛围的情境设计》	施建平	30.00
	4	《让学生做自己的老师 ——名师讲述如何提升学生自主学习能力》	徐学福 房　慧	30.00
	5	《引领学生高效学习 ——名师讲述如何提高学生课堂学习效率》	刘世斌	30.00
	6	《教育从心灵开始 ——名师讲述最能感动学生的心灵教育》	张文质	30.00
教学提升系列	7	《方法总比问题多——名师转变棘手学生的施教艺术》	杨志军	30.00
	8	《用特色吸引学生——名师最受欢迎的特色教学艺术》	卞金祥	30.00
	9	《让学生爱上课堂——名师高效课堂的引导艺术》	邓　涛	30.00
	10	《拿什么打开思路——名师最吸引学生的课堂切入点》	马友文	30.00
	11	《没有记不牢的知识 ——名师最能提升学生记忆效果的秘诀》	谢定兰	30.00
	12	《让学生的思维活起来 ——名师最激发潜能的课堂提问艺术》	严永金	30.00

系列	序号	书　　　名	主编	定价
教学新突破系列	13	《把教学目标落实到位——名师优质课堂的效率管理》	冯增俊	30.00
	14	《拿什么调动学生——名师生态课堂的情绪管理》	胡　涛	30.00
	15	《零距离施教——名师和谐师生关系的构建艺术》	贺　斌	30.00
	16	《一个都不能落——名师提升学困生的针对教学》	侯一波	30.00
	17	《让学习变得更轻松 　　　——名师最能吸引学生的情境设计》	施建平	30.00
	18	《让知识变得更易学 　　　——名师改造难学知识的优化艺术》	周维强	30.00
通用识书	19	《好心态成就好学生——学生心理问题剖析与对症教育》	李韦遴	30.00
	20	《教育，诗意地栖居》	朱华忠	30.00
	21	《好班规打造好班级》	赵　凯	30.00
高中新课程系列	22	《高中新课程：教师角色转变细节》	缪水娟	30.00
	23	《高中新课程：班主任新兵法细节》	李国汉 杨连山	30.00
	24	《高中新课程：教学管理创新细节》	陈　文	30.00
	25	《高中新课程：更有效的评价细节》	李淑华	30.00
教师成长系列	26	《学学名师那些事》	孙志毅	30.00
	27	《每天学点教育心理学》	石国兴 白晋荣	30.00
	28	《给新教师的建议》	李镇西	30.00
	29	《教师心灵读本：成为有思想的教师》	肖　川	30.00
	30	《教师心灵读本：教师，做反思的实践者》	肖　川	30.00